幼儿园户外混龄区域活动

——幼儿体育活动新探索

聂 莲 编著

华东师范大学出版社
上海

图书在版编目（CIP）数据

幼儿园户外混龄区域活动：幼儿体育活动新探索/
聂莲编著.—上海：华东师范大学出版社，2016.5
ISBN 978-7-5675-5316-3

Ⅰ.①幼…　Ⅱ.①聂…　Ⅲ.①体育游戏–教学研究–
学前教育　Ⅳ.①G613.7

中国版本图书馆CIP数据核字(2016)第123375号

幼儿园户外混龄区域活动
——幼儿体育活动新探索

编　　著　聂　莲
责任编辑　李　琴
封面设计　黄　旭
装帧设计　庄玉侠

出　　版　华东师范大学出版社
社　　址　上海市中山北路3663号
　　　　　邮编 200062

营销策划　上海龙智文化咨询有限公司
电　　话　021–51698271　51698272
传　　真　021–51698271

印刷者　上海崇明裕安印刷厂
开　　本　787毫米×1092毫米　1/16
印　　张　15
字　　数　258千字
版　　次　2016年10月第1版
印　　次　2023年7月第8次
书　　号　ISBN 978-7-5675-5316-3/G·9554
定　　价　45.00元

出版人　王　焰

（如发现本版图书有印订质量问题，请与华东师范大学出版社联系
电话：021–51698271　51698272）

幼儿园区域活动的多元化探索丛书

总主编：

杨　宁（华南师范大学）

编委会：

李丽云（佛山市南海师范附属幼儿园）

刘红喜（深圳实验教育机构幼教中心）

聂　莲（佛山市机关幼儿园）

王　秋（广州香雪幼儿园）

王致青（广州东方红幼儿园）

姚　艺（深圳梅林一村幼儿园）

杨　梅（深圳实验幼儿园）

总 序

幼儿园区域活动的多元化探索

　　近二十多年来，区域活动或活动区教学作为我国幼儿园课程的重要组成部分，在幼儿园日常教学中的地位日益增强，许多幼儿园纷纷探索有效开展区域活动的策略和方法。更值得关注的是，一些幼儿园园长和老师已经开始不再简单借鉴和模仿欧美国家幼儿园区域活动的经验，而开始把目光投向区域活动或活动区教学背后的教育哲学和教育理论问题，关注其知识基础和价值诉求，开始走向一种反思的、儿童中心的教育实践。

　　作为一种舶来品，幼儿园"区域活动（learning centers activities）"或"活动区"具体是何时、由何人引入我国似乎很难看到确切的说法。活动区"为幼儿提供自主选择的机会，与他人一起工作，参与实践活动，并充分参与学习"[1]，而对于此类活动区，"北美儿童教育机构（包括婴幼儿教育机构）使用比较普遍的是'学习中心（learning centers）'，不论是教育部门文件还是教科书以及学术著作都更多地使用这个概念。"[2]而我国引进这种基于区角的自由活动形式（center-based free play）并命名"区域活动"，又叫区角活动（area activities）。为便于了解，我们这里列举一些比较具有代表性的界定："所谓区域活动或活动区活动，指的是这样一种活动形式：教育者以幼儿感兴趣的活动材料和活动类型为依据，将活动室的空间划分为不同区域，让他们自主选择活动区域，在其中通过与材料、环境、同

［1］　Bottini, M., & Grossman, S.（2005）. Center-Based Teaching and Children's Learning: The Effects of Learning Centers on Young Children's Growth and Development. *Childhood Education*, Annual Theme（2005），81.5, 274-277.

［2］　黄进. 幼儿园区域活动的来源与挑战［J］. 学前教育研究，2014（10）.

伴的充分互动而获得学习与发展。"[1]或区域活动"即学习中心、兴趣中心活动，它是教师从儿童的兴趣出发，为使儿童进行高效学习、获得最佳发展而精心设计的环境，儿童可以自由地进出各个区域，开展游戏活动。"[2]显然，区域活动是幼儿园采用的一种积极的、以儿童为中心的、分布式和个别化的教育教学形式，同时也是幼儿一种重要的自主活动形式。具体而言，区域活动必然表现为教师在一定的时间和空间内设置各种区域（角），如美工区、益智区、沙水区、角色游戏区、积木建构区、操作区、科学区、图书区等，提供或投放各种游戏或学习材料，幼儿在一定程度上可以按照自己的兴趣、意愿和需要选择活动内容和方式，彰显了幼儿的主体性、主动性。因此，区域活动能够弥补传统幼儿园集体教学的不足，给幼儿提供有针对性的、个别化的教育，从而真正关注并尊重幼儿的个别差异；让儿童在与周围环境的相互作用中进行自主学习与探索。幼儿园区域活动的有效开展对贯彻《3—6岁儿童学习与发展指南》，促进幼儿主动发展具有重要意义。无怪乎华爱华教授说："值得欣慰的是，我们至少找到了一种有别于中小学的课程组织的特殊形式，那就是'活动区'。幼儿园的教育是以游戏为基本活动的，这可与以上课为基本形式的中小学教育区分开来，从而真正体现学前教育的特殊性。"[3]

区域活动或活动区教学背后确实蕴含着深刻的教育哲学和教育思想内涵，以及教育制度沿革、嬗变等问题。区域活动或活动区教学的组织与实践不仅挑战了"我们关于学习和游戏的理解，也挑战了我们一日活动的组织形式以及课程展开方式，还挑战了我们的评价观念"。[4]更加关键的是，区域活动的组织与实践挑战了以课堂集体授课和分科教学为主的传统幼儿园教学方式，"是一种尊重每一个儿童的学习进度、学习风格和学习节奏的教学方式"，[5]使幼儿教育真正有别于以上课为基本形式的中小学教育，也使我们的园长和教师在儿童观、教育观、知识观和学习观等方面做出根本改变。今天的幼儿教育工作者越来越深刻地意识到："孩子们学

［1］ 冯晓霞．幼儿园课程［M］．北京：北京师范大学出版社，2001:259.
［2］ 李生兰．美国学前教育机构的区域活动及思考［J］．幼儿教育，2002，（10）:16.
［3］ 华爱华．从学前教育改革与发展看幼儿园活动区活动［J］．幼儿教育（教师版），2012（8）.
［4］ 黄进．幼儿园区域活动的来源与挑战［J］．学前教育研究，2014（10）.
［5］ 霍力岩，齐晓恬．区域活动的本质［J］．幼儿教育，2009.

习最重要的东西时，不是通过教师的传授，而是通过自己在与物理世界和其他孩子互动过程中构建知识，以及通过游戏的方式来实现的。"[1] 这也许恰恰是区域活动的最大价值所在。应该看到，区域活动或活动区教学提供了一种幼儿园学习领域的自然整合，即整合社会性、情感和动作学习，以及认知和学业学习。这种整合在教师指导的集体教学中是难以实现和保持的。区域活动特别是其中的游戏和社会互动"有助于平衡个别儿童的学习，提供孩子在自己水平上和所需的强度，以支持他们自己的学习"。[2] 设计良好的区域活动环境能同时满足不同儿童的多样化的发展需求，这样的区域活动环境无疑是对每个孩子的发展需要和兴趣的最自然的回应。

最后，区域活动或活动区教学的组织与实践是对传统幼儿园空间和时间的重构，是幼儿园空间生产区别于学校（小学、中学和大学）空间生产的重要方面，强调和关注区域活动需要我们摒弃教师中心和学科中心的教育理念和教育方式，更加关注师幼互动和幼儿之间的互动，以及幼儿对材料的实际操作。实际上，"活动室空间的区域化以及区域活动的组织，对幼儿园教师和教育管理部门都提出了十分严峻的挑战。它不仅如上所述挑战了我们关于学习和游戏的理解，也挑战了我们一日活动的组织形式以及课程展开方式，还挑战了我们的评价观念。"[3]

目前来看，幼儿园区域活动或活动区教学的理论研究依然非常薄弱，所涉及的复杂而深刻的哲学、社会学、心理学、政治学和语言学问题基本没有被触及，根本无法满足一线教育工作者的需要。许多区域活动开展得比较好的幼儿园也是知其然，不知其所以然，不能很好地将实践经验汇聚，提炼为较为系统的准理论。实际上，幼儿园区域活动理论研究不仅需要发展心理学、教育心理学、环境心理学和幼儿教育学等学科理论的支持，同时，也需要人类发展生态系统理论、游戏理论、活动理论、动力系统理论乃至建筑学、儿童地理学、空间分析、儿童社会学、儿童人类学、巴赫金的对话理论、交往互动理论和自组织理论等等的指引。

其实，"幼儿园"（kindergarten）这个幼儿教育机构名称本身指代的既是具体的空间和时间范畴，同时更是空间和时间的隐喻。"幼儿园 = 儿童的花园"，在这个

［1］ Jones, E., & Reynolds, G.（1992）. The play's the thing: Teachers' roles in children's play, p. 1.

［2］ Bergen, D. 1998. Play as a Medium for Learning and Development, p. 7.

［3］ 黄进. 幼儿园区域活动的来源与挑战［J］. 学前教育研究，2014（10）.

花园里，幼儿可以无拘无束，自然地生长，而教师就是辛勤的园丁。"幼儿园"以及相关的隐喻构成了幼儿教育的根隐喻，我想今天的教育工作者仍然可以从福禄贝尔等自然主义教育思想家的理想中吸取营养。应该说，早期的幼儿教育思想家们当时就已经深刻地意识到幼儿教育和其他学段教育的根本区别，福禄贝尔就不愿把自己创办的机构叫做"学校"，而空想社会主义者欧文创立的"幼儿学校"称呼并没有流传下来，背后的历史和思想博弈反映了幼儿教育的特殊性和复杂性。"幼儿园"从内生意义上来讲是自然的、生态的。然而，随着时代的变迁，"幼儿园"从"花园"隐喻也逐渐开始向学业机构转变。进一步说，分析幼儿园的沿革和发展不能不涉及整体社会空间和时间（历史）的演变，同时，也必须以幼儿园教育空间的重构的微观分析为核心。我们提倡"区域活动或活动区教学"并不是把它与"集体教学"对立起来，也并非完全摒弃集体教学，而是在本土化基础上寻找现代中国幼儿园空间与时间的重构。

改革开放以来，广东特别是珠江三角洲一直作为试验田和排头兵在国家的经济社会发展中起着独特的作用。伴随经济发展、特区建设和迅速的城镇化，大量外来人口的流入，广东的学前教育也经历了蓬勃发展的过程，特别是上个世纪八九十年代全国各地一大批优秀园长和幼儿教师的调入，以及本地优秀园长和教师的成长，形成了广东学前教育事业兴旺发达的局面。作为一个学前教育理论工作者，我也是这个过程的见证者。在与广东各地幼儿园园长交流探讨的过程中，我也深切感受到许多优秀园长有着丰厚的经验积累和深刻、敏锐的专业领悟。同时，近年来，不少园长也不约而同地向我提出了一个要求，希望能在区域活动或活动区教学的理论上给予她们帮助和引导。正是在这样的背景下，由广州东方红幼儿园、广州市第一幼儿园、广州黄埔区香雪幼儿园、深圳实验教育机构幼教中心、深圳实验幼儿园、深圳梅林一村幼儿园、佛山市机关幼儿园、佛山南海师范附属幼儿园、深圳蓓蕾幼儿园等园所组成的一个松散而开放的学习共同体——"广东省幼儿园区域活动研究联盟"应运而生。《幼儿园区域活动的多元化探索》丛书则是由我向联盟园倡议的，对各联盟幼儿园区域活动的多元化经验进行初步梳理和提炼的结果。

在广东幼教界，广州越秀区东方红幼儿园是区域活动开展得最早的幼儿园之一。早在1989年，王致青园长从美国访学归来就开始在全国率先探索活动区教育，改革

了传统的以上"课"为主的课程模式。26年来，东方红幼儿园的老师们坚持不懈，一直专注于探索以活动区教育为特色的儿童主体课程，她们以"面向全体、全程育人、全面发展"为教育原则，通过创设宽松愉悦的氛围，提供丰富多彩的操作材料，利用灵活多样的活动形式，满足幼儿发展的不同需要，充分彰显幼儿的个性，使拥有不同特质的孩子们都能得到最适合其自身的发展，致力实现"家园共识、共建、共享，孩子与成人共同成长"的办学理念。她们奉献的《全课程区域活动——幼儿园活动区教育解决方案》以"温馨"的家为基调，通过详尽阐述东方红幼儿园活动区的教育理念及发展历程，活动区环境创设，活动区学具的设计、制作、投放、收藏与管理，活动区的组织与指导，活动区的观察与评价，活动区的教研活动组织六个部分，为大家展示东方红幼儿园一直坚守的尊重幼儿，以幼儿为本的幼儿园课程建构。

　　《共享区域活动——幼儿园"共生课程"特色实施模式》是深圳实验教育机构幼教中心奉献给大家的佳作，该书作者深入阐述了"共享区域活动"的概念、源起、内涵以及具体实践，倡导"共享区域活动"作为游戏活动的价值，主张在"共享区域活动"中让幼儿自主游戏和自由发展，期望"共享区域"的任一场馆都能促进幼儿全面发展。多年来，实验幼教中心在刘红喜主任的带领下，在推进传统区域活动研究的过程中先后生成了"年级公共游戏区"、"班级共享游戏区"，并在区域空间共享的基础上，提出了让时间、材料、计划、经验、活动等在年级组共享的"共享区域活动"的思路与做法，值得推荐。

　　《幼儿园户外混龄区域活动——幼儿体育活动新探索》是佛山市机关幼儿园的经验结晶。聂莲园长和老师们秉承"自然·爱·悦·梦想"的办园理念，将区域活动作为串联教育活动、生活活动和游戏活动的一条主线，利用自身得天独厚的户外环境和场地资源，尝试将户外环境和区域活动进行融合，以混龄的形式进行活动的组织，在推进教育活动有效性、提高活动质量的过程中做出了新的尝试。她们结合幼儿年龄特点和大肌肉运动发展需要，将幼儿园户外场地进行不同功能的游戏区域划分，打破班级和年龄界限，以中、大班幼儿混龄的形式开展户外区域性体育游戏活动。教师到各个活动区域中进行游戏的设计与指导，幼儿可根据意愿自选区域、自愿选择老师、自愿选择场地、自选材料、自愿选择同伴开展自主的游戏活动。

　　深圳实验幼儿园的杨梅副园长和老师们经过多年的探索与实践，针对区域活动存

在的诸多问题，形成了一套科学的、独特的、适宜幼儿个性化发展的教育理念和教学实践模式。她们在《自主、探索、合作——幼儿园区域创设及活动开展实践方案》一书中提出区域活动四部曲，即：选择环节——操作环节——整理环节——提升环节，真正做到让幼儿自由选择、自主实施、合作整理、整体提升。特别值得赞许的是，深圳实验幼儿园一直致力于将目前零散的、流于形式化的区域活动做一个系统的梳理，并在此基础上整合出一套完整的具有指导性作用的区域活动教学实践宝典。

《幼儿园学习环境创设与实施——基于全环境支持系统的实践》是深圳梅林一村幼儿园姚艺园长和老师们奉献给大家的精品。该书立足全环境课程支持系统背景，重点介绍区域环境创设与使用，其中分区域概念、区域环境创设原则、各个活动区域划分、区域材料提供和使用以及在区域活动中开展儿童的游戏与学习的观察案例等内容都是梅林一村幼儿园一线管理者与教师多年实践经验的整理与提炼。通过详细地阐述在区域活动中教师如何有效利用环境完美地统整、融合"教与学"，如何开展教学与游戏，如何理解儿童的学习与发展等，充分展示了"以促进儿童主动学习为宗旨"的价值观在教育实践中的融入。

广州香雪幼儿园是典型的城中村幼儿园，生源参差不齐，给教育带来了一定的难度。多年前，该园王秋老师成立了课题研究团队，以建构游戏为载体进行大型户外区域活动探索，希望凭借户外区域大量丰富多元的教育环境与材料给孩子提供学习与发展的助力。在数年的实践研究中，她们的努力获得了回报，《幼儿园大型户外建构游戏——从游戏走进学习》就是她们成果的汇聚。在有限的时间里，孩子们拥有了无限成长和发展的机会，孩子们的学习品质在一点一滴的户外区域活动中慢慢由量变达到质变，每位孩子都在原有水平上得到提高。在户外区域活动中，一方面孩子们更快乐、更开心，充分展现了孩子们热爱游戏的天性，实现了快乐学习、体验学习和合作学习。另一方面，大型户外建构区域活动对教师的专业成长也不无裨益，因为没有教材，没有模板给教师参照，老师们需要学会观察，学会指导，这对老师是一种新的挑战。因此，大型户外区域建构游戏在促进孩子发展的同时，也促进了幼儿教师的专业成长。

《幼儿园里的"快乐小镇"——幼儿园社会实践区域活动探索》是佛山市南海师范附属幼儿园开发的自主区域游戏的形式之一，它集合了大区域、小区域的优

势，把游戏与幼儿的生活与学习直接联系、整合起来，使游戏回归生活，让幼儿在体验中获得生活经验、社会经验。每两周一次的全园快乐小镇活动无疑是整个南师附幼的"狂欢节"，幼儿、家长、老师乃至幼儿园的后勤人员都沉浸在活动带来的欢乐中。同时，"快乐小镇"活动实实在在地促进了儿童的发展。这才是充满快乐和激情，同时具有极大教育价值，名副其实的快乐小镇！

两千多年来，大陆文明和海洋文明的交汇塑造了岭南文化开放、包容、多元、务实的特点。改革开放以来的广东人更是进一步将低调、务实、不喜空谈的作风发扬光大，创造了社会经济建设的辉煌。作为整个生态系统的一部分，广东学前教育界无疑也具有这样的特点，很多幼儿园园长敏于行而讷于言，善于创新却拙于总结，擅长于做事而拘谨于表述，经验丰富却理论欠缺，热爱学习又容易被忽悠（误导）。实际上，许多园长也越来越意识到这个问题，也在探索解决的途径，从她们对区域活动或活动区教学背后的教育哲学和理论问题的关注就可以看到这一点。当然，我们并不是主张每一位园长和教师都要有著述，而是提倡有能力、有条件的园长和教师通过教研活动不断梳理、提升自己的教育经验，从而给自己的"默会的教育知识和实践性知识的提升创造机会和条件，批判和提升已有实践性知识，使之积淀、融汇和升华为真正的实践智慧"。[1]

《幼儿园区域活动的多元化探索》丛书是梳理和提炼广东部分幼儿园在区域活动领域实践经验的初步尝试，编写者的经验和理论知识还有一定欠缺，其间之反复曲折更是一言难尽，今日成书殊为不易。丛书不可避免地还有许多遗憾和不足，需要今后通过进一步研磨、讨论和研究加以弥补和提升。最后，丛书编委会特别要感谢华东师范大学出版社，感谢出版社的赏识和信任以及为本丛书的出版付出的辛勤劳动。

华南师范大学教授

杨宁

2016 年 8 月

---

[1]　杨宁 . 论幼儿教师的默会知识与实践智慧［J］. 教育导刊，2015（10）.

前　言

　　党的二十大报告将"人与自然和谐共生的现代化"上升到"中国式现代化"的内涵之一，并强调要办好人民满意的教育。在全社会都关注绿色、自然和可持续发展的时代背景下，幼儿园课程改革也被注入了新时期的内涵和需求。要办好人民满意的学前教育，全面贯彻党的教育方针，落实立德树人的根本任务，培养德智体美劳全面发展的社会主义建设者和接班人，必须加快高质量学前教育体系和幼儿园课程体系的建设，着力发展素质教育，促进教育公平。因此，符合儿童年龄特点、具有本土资源特色的高品质课程也将成为学前教育可持续发展的重要条件。

　　区域活动作为一种目前倍受推崇的活动化、游戏化、自主性强的课程形式被广大学前教育者所接受和推广。在全社会都关注学前教育质量、幼教工作者致力于推动学前教育科学发展的背景下，幼儿园一日生活课程构建的成效成为决定幼儿成长质量的重要因素。我园在"自然·爱·悦·梦想"的办园理念的引领下，通过推进园本课程研究的实践，逐渐将区域活动作为串联教育活动、生活活动和游戏活动的一条主线，利用我们得天独厚的户外环境和场地资源，尝试将户外环境和区域活动进行融合，以混龄的形式进行活动的组织，在推进教育活动有效性、提高活动质量的过程中做出一个新的尝试。

　　借此次广东省教育学会学前教育专业委员会整理出版《幼儿园区域活动实践的多元化探索》丛书的机会，我园从深化园本愉快体育课程体系的角度出发，积极组织包括园长在内的六位中高级职称的老师参与本书的编写工作。本书一共五章，第一章主要阐述户外区域化环境对幼儿健康成长的意义和身心发展的重要作用，由具有相应幼儿园课程开发经验的李光坤老师负责，并同时负责全书的统稿工作；第二章承接了我园环境和区域教育活动的理念和实践，并对相关的概念进行了解析，由具备扎实学前教育理论功底和有着两年工作经验的吴婉婷老师负责撰写；第三章是户外混龄区域活动的主体部分，将我园的户外分区情况，各区域的活动目标、指

导内容以及相应的活动方案进行了呈现，由富有一线教学及活动组织经验的罗淑莉老师负责撰写；第四章在我园户外混龄区域活动实践的基础上，以创新的视角重新来审视我园愉快课程的内涵，以及它对我们其他课程领域及幼儿相关行为习惯培养的促进作用，由具备十多年课程管理及活动设计经验的张晓妍老师负责撰写；第五章是户外混龄区域活动的评价，主要呈现了活动中各种静态和动态的活动评价方式，展现过程评价与结果评价、定量与定性评价相互支持与补充的情况，由具备丰富教育教学经验的禅城区名师工作室负责人潘渝老师负责撰写。后记部分由教学管理经验丰富的业务副园长何珠和负责撰写，后记对我园户外混龄区域活动做一个小结，也对未来课程方向和内容做进一步的设计和构想。

借此机会，对帮助和支持本书出版的广东省教育学会学前教育专业委会理事长杨宁教授、对本书编写提出重要修改意见的深圳大学陆克俭教授、华东师范大学出版社表示诚挚的感谢，也对本书中引用的大量文献的作者表达感激之情，有了你们前期的研究，才能使我们看得更清、走得更远。最后，对参与本书编写的同事们表达感谢。虽然时间紧，任务重，但大家都迎难而上，在整个八月份里，在同时进行教师培训、暑期招生和开学准备工作的过程中，放弃与家人出行和休息的机会，沉得下心，按照要求顺利完成了各章撰稿的任务。我为有这样一个甘于奉献、善于合作、敢于担当的优秀团队而感到骄傲。

作为幼儿园一线的教育工作者，由于本身的水平和能力所限，书中难免会有不足和错漏，敬请读者批评指正！

聂　莲

2023 年 7 月

目录

第一章 生命有保障
——环境的价值及意义

生命是环境的产物。回顾人类生命的起源，我们看到，适宜的气候、阳光、水不可否认地都是孕育生命的关键要素。同样，幼儿的成长也离不开环境，环境教育在开发幼儿智能、促进幼儿个体和谐发展方面发挥着独特的功能和作用，并已成为当今幼儿教育改革的一个重要方面。

第一节　童年的成长与环境

人的生命有两种，一种是物质生命，一种是精神生命，人的存在是生物界独特双重生命的存在，前者为"种生命"，后者为"类生命"[1]。对于初生的婴儿或处于生命起始阶段的幼儿来说，"种生命"显得尤为重要，为了生命的存在、延续和发展，其赖以生存的物质环境必须要得到保证。

一、幼儿的生长与环境密切相关

（一）环境促进幼儿生理发展

生理发育是幼儿发展的物质基础和前提，良好的身体素质为个体的终身发展奠定了坚实的基础。幼儿期生理发展最明显的特征就是整个身体状况发生巨大的变化，表现在身高和体重的变化，骨骼肌肉的生长以及身体各系统的发育，幼儿期平均每年增高 6—7 cm，体重平均增加 2 kg。在骨骼肌肉的生长方面，幼儿每年体重的增加中有 75% 是肌肉发育的结果。幼儿园小班年龄孩子的大肌肉群比小肌肉群发达，其外显为整天不停地进行大肌肉的活动，比如跑、跳、滚、爬等活动。5 岁左右幼儿的小肌肉群开始发育，外显为幼儿喜欢进行一些小肌肉的精细活动，如抓握、做手工等。幼儿的动作发展与身体发育密切相连，也呈现

---

[1]　高清海.人的双重生命观：种生命与类生命 [J].江海学刊，2001（1）：77–82.

图1-1 快乐的童年

出类似生理发展的规律——遵循从上至下、由远及近、由粗到细的发展规律。可以说，学前期是儿童学习动作技能的最佳时期，由于身体柔软，容易学习许多动作，而且喜欢模仿和重复，因此，相应的环境和适宜的刺激有助于幼儿获得有利其发展的早期动作经验。当然，由于其小肌肉动作的协调性相对来说还较差，在环境的创设和设施的投放中不仅要考虑安全因素，对其活动也不宜提出过高要求。[1]

（二）环境促进幼儿大脑的发育

大脑是人类在长期的进化过程中形成和发展起来的意识和思维器官。幼儿大脑的发育主要体现在脑重量的增加和大脑皮层的发育。人类个体的大脑从胚胎时期就开始发育，0—6岁是儿童大脑发育最迅速的时期，到5岁时，就相当于成人脑重量的90%，脑细胞的结构和功能不断复杂化。到6、7岁时儿童的脑重已接近成人的水平，约达1 280克[2]。从大脑皮层的发育来看，作为人脑中最大的机构，它占脑重的85%，而且比其他任何部分对环境性的影响都来得敏感，对我们种系独特的智力发展具有重要作用[3]。婴幼儿期儿童的大脑皮层细胞迅速发展，细胞体积扩大，层次扩展，沟回变深，神经细胞突触日趋复杂，神经纤维越来越多地深入大脑皮层。到8岁时，人的神经系统各部分几乎都完全发育成熟。儿童的动作发展在脑和神经中枢、神经控制下，随着神经系统的发展和大量的重复联系，其动作开始逐渐分化，幼儿开始学习控制对身体各部位的小肌肉动作，这使身体的反应更加专门化，幼儿手的动作更加灵活，手眼协调能力更强，动作的准确性提高，能协助成人进行相对复杂的工作，适应环境和改造环境的能力也得以增强。

近30年来，人类脑科学研究取得了丰硕的成果。研究发现，儿童的100兆脑细胞组织成一个非常有规律的系统去接受、处理、感觉、储存信息，由周围环境提供刺激并做出反应，为儿童做出思考、创作、分享、沟通、学习等行为提供了基础条件。并且，早期经验还能够选择最佳的脑细胞，建构起有联系作用的突触所形成的功能模块，同时清除不被使用的潜在脑结构。根据达尔文的用进废退的理论，幼儿的大脑也是生成的，是在外界环境的刺激下不断发展的，幼儿在生

[1] 秦金亮.儿童发展概论［M］.北京：高等教育出版社，2008：57－59.
[2] 桑标.当代儿童发展心理学［M］.上海：上海教育出版社，2003：72.
[3] ［美］劳拉·E·贝克.儿童发展［M］.吴颖等译.南京：江苏教育出版社，2002：257.

活中通过环境及相关的活动对大脑进行刺激，不仅能丰富幼儿的早期经验，也能促进大脑的发育和身体的健康发展。

（三）环境促进幼儿心理发展

幼儿期是儿童心理的快速发展时期，环境的营造也需要充分考虑幼儿的心理特征，满足幼儿的兴趣、需要、认知发展和社会化等。兴趣是指人们在生活中产生和发展起来的趋向某一活动对象活动的内在倾向，是认识事物和从事活动的巨大动力，是儿童在没有预期奖赏的情形下，愿意从事某种活动或追求某个目标的气质。兴趣分为有趣、乐趣和志趣三个层次，具体到幼儿身上，他们的兴趣则主要体现在有趣和乐趣的阶段，幼儿在兴趣的驱动下将注意力较长时间地维持在某种事物或活动上，在活动中获得愉快的体验。环境的创设要充分考虑和尊重幼儿的兴趣，发现他们的兴趣，展现幼儿内部生命的本质，将环境与幼儿的生命存在和身体成长结合起来，提高幼儿发展的水平。

需要是个体生理的或社会的需求在人脑中的反映，是人体组织系统中的一种缺乏平衡的状态。正是这种没有得到满足的状态，推动人们去寻找满足需要的对象，进而产生活动的动机，并激励个人去达成目的，推动人的生存和发展，它是人的积极性的重要源泉，是激发人们行动的内部动力[1]。马斯洛（Abraham Maslow）把需要分为基本需要和成长需要。其中基本需要包括生理需要、安全需要、社会需要、尊重的需要、自我实现的需要。成长需要包括认知需要、美的需要和自我实现的需要[2]。相应地，幼儿的需要可以分为两个层次。其一是生存的需要，这是基本需要，处于马斯洛需要结构"金字塔"的下半部分，是其他需要形成的基础。只有满足了这一层的需要，才能满足儿童的生存权，使

图1-2 "红旗小军营"活动中的快乐小兵

图1-3 在区域活动中和老师一起学剪纸

[1] 陈琦，刘儒德.当代教育心理学［M］.北京：北京师范大学出版社，2007：212.
[2] 车文博.人本主义心理学［M］.杭州：浙江教育出版社，2003：120-121.

幼儿具有安全感。其二是成长需要，主要包括交往的需要、探索学习的需要、朴素审美的需要、尊重与自我实现的需要。幼儿作为社会个体，同样具有高层次的需要，尤其是内心渴望与他人交往，并且获得他人的认同。因此，环境的设置，特别是心理环境的营造必须以幼儿的需要为基础。

认知是指人的认识活动，包括注意、知觉、记忆、理解、分类、评价、原则推理、规则的演绎等等。从狭义的角度来说，认知就是思维和记忆[1]。儿童的认知结构随着年龄的变化而变化，不同的年龄阶段体现出不同的认知结构，具有阶段性。对幼儿而言，其思维发展阶段主要处在前运算时期，已经超越了感知动作期，幼儿开始从具体动作中摆脱出来，凭借"表征"的格式进行"表象性思维"。如，幼儿可以利用环境中的材料根据活动需要进行赋予其特定意义的活动，通过生活中经验的提取进行语言或行为的模仿等。同时，这个时期的儿童思维还处在自我中心阶段，无法将自己与他人的观点进行协调。他们往往不会站在别人的立场上来分析问题、理解世界。比如，幼儿知道自己有个哥哥，却不知道他的哥哥有个弟弟。维果茨基（Lev Vygotsky）认为，学前儿童记忆处于意识中心，心理活动的各个方面以记忆占据着优势地位。幼儿记忆的一个显著特点是比较擅长对形象事物的记忆，而不善于对抽象事物的记忆。从记忆的效果来看，幼儿对熟悉的事物记忆效果最好，对熟悉的词汇记忆效果次之，对生疏的词汇记忆效果最差。幼儿记忆的另一个特点是感性经验占主导地位，不善于理解地记忆。由于幼儿经验少，无法事事在经验的支持下进行理解的记忆，理解力差，无法对学习的材料进行逻辑加工，因此，他们更喜欢进行"拍照式"的整体记忆。幼儿记忆的另一个特点是识记时受情境、情绪等因素的影响大。因为幼儿缺乏稳定的个性和自我控制能力，其记忆活动容易受情境和情绪的影响，表现出极强的无意性。因此，幼儿生活和学习环境的营造应充分尊重幼儿的认知发展特征和规律，生活教学目标的设定从幼儿的思维、记忆等认知特征出发。

人是个性与社会性的对立统一体。个性是一个儿童区别于其他儿童的显著标志，包含气质、性格、体貌特征、智力与创造性、信念和人生观等。幼儿的个性是逐步形成和发展起来的。出生时，孩子只是一个生物个体。2岁左右，个性逐渐萌芽。3—6岁是个性形成过程的开始时期[2]。幼儿通过与环境互动建构自身的经验，有选择地接受外界信息，积极理解社会价值观、社会行为规则和伦理规范，进而形成了独特的个性。与此同时，幼儿的社会性也开始与个性同步发展。其社会化的过程就是儿童个性形成和社会性发展的过程。幼儿的社会化主要包括

［1］　刘金花.儿童发展心理学［M］.上海：华东师范大学出版社，1997：101.
［2］　陈帼眉.学前心理学［M］.北京：人民教育出版社，1989：370.

亲子关系、同伴关系、自我系统的发展、性别化和亲社会行为的发展和道德发展等。埃里克森（Erikson）人格发展理论提出，心理发展是一个连续的、渐进的过程，可以分为八个社会心理阶段，分别是：信任感对怀疑感、自主性对羞怯或疑虑、主动性对内疚、勤奋对自卑、同一感对同一混乱感、亲密感对孤独感、繁殖感对停滞感、完善感对失望。根据该理论，幼儿正处于主动性

图1-4　种植园里的观察活动

对内疚阶段，主动性也意味着向前的运动。其外显为：利用身体攻击侵入别人的身体、使用侵犯性语言侵入别人的耳朵和心灵、用位置移动侵入别人的空间和用无限的好奇心侵入未知事物。此时的幼儿较以往有更多的自由，能自主地探究生活。当其目的无法实现或发生自主性冲突时，便由内生发出一种内疚感[1]。因此，幼儿的生活环境就必须考虑幼儿个性形成和社会性发展的因素，促使幼儿的个性与社会性得到统一的发展。也正因为如此，教学活动的目标就应充分考虑到幼儿的个性和社会性的和谐发展。

通过对幼儿生理发展特点、幼儿大脑发展水平以及幼儿心理发展规律的梳理，我们可以理解，3—6岁幼儿的身心发展有自身的特点和发展规律，幼儿的学习过程就是其自身成长与发展的过程，是自身与外部环境相互作用的过程。幼儿生活环境的设置也应该通过对幼儿生活的观察，在与幼儿的交往中对儿童学习发生的条件进行把握，充分认识到环境对幼儿身体，即身高、体重的变化，骨骼的生长以及身体各系统的发育，认识幼儿大脑发展水平和发育特点，认识到幼儿学习的兴趣和需求、认知、个性与社会性特征。

幼儿的学习环境必须关注身体和心理上的安全。身体安全包括保护儿童远离抑制学习能力与发展、有害健康的环境。心理安全则强调整体环境能为所有儿童提供一种归属感和愉悦感。活动空间应为不同人种、性别、民族或有特殊需要的所有儿童提供丰富的学习经验，供儿童及家人使用的环境资源应密切联系他们的文化经验。总之，这种安全的环境要为儿童提供探索、游戏和学习社会技能的机会。环境中有基本的卫生措施、安全而富有营养的食物、饮用水和适当的通风设备；幼儿教师与保育人员创造了一个有利于人际互动和情绪发展的宁静祥和的课

---

[1]　朱智贤，林崇德．儿童心理学史［M］．北京：北京师范大学出版社，1988：322.

室环境；学习环境提倡良好的生活习惯（如洗手等个人卫生）；周围环境让儿童拥有无所恐惧的安全感、归属感、幸福感以及自由感；幼儿教师与保育人员常与儿童共享欢笑、共度愉悦时光。周围环境能激发儿童游戏、探索和发现；提供儿童踊跃投入室内和户外游戏的机会；均衡分配自由式游戏与组织性活动的时间；拥有丰富的材料，可以促进不同才能和天分的儿童发展问题解决能力、批判思考能力和创造能力；户外空间和游戏设备能够开展多种运动；户外环境中备有使游戏更具扩展性的机会，如园艺可在自然生态中进行的活动；有效布置空间，使儿童易于取用游戏和艺术表达的素材；室内环境包含能让儿童自行构造游戏玩具的活动材料；户外环境包含能让儿童自行构造游戏的活动材料；儿童能共同参与学习环境的规划与设计。

二、环境对幼儿行为习惯培养的作用

行为是对某种事物刺激的反应，它与人的心理活动和外界环境是密不可分的。适宜的气候、空间环境能使身处其间的人具有良好的心情，对其生活方式和行为模式起到一定的启发和引导作用，在儿童户外活动的环境中，来自场地的各种空间感受、植物景观、游戏设施等都能刺激儿童的行为活动，并进一步诱导其游戏行为的发生。

（一）儿童的行为发展模式

"行为"从心理学角度来讲是指人们有目的的、由简单动作构成的活动。是人体器官对外界刺激所产生的反应。而"发展"从生物学意义上指的是一连串、一系列的改变，是一种动态变化的过程。对幼儿来说，实际的生活过程也是其行为塑造和发展的过程，而且，幼儿行为发展是多元化的，不仅仅是因为其成长环境的复杂多样，还因为其行为发展随着时间、空间的变更容易被重建。这也证明了幼儿行为可塑性较强。

从前面内容我们知道，幼儿的发展包括生理和心理的内容，生理发展主要包括儿童的活动或运动的机体功能及其协调性、平衡性和反射作用。它还包括感官和知觉：嗅觉、触觉、味觉和听觉。而儿童心理发展本

图1-5 建立起平等、支持的师生关系

身又分为认知发展（知觉、记忆、思维、想象等）和社会性发展（兴趣、动机、情感、价值观、自我意识、人格等）。在户外活动空间的规划设计中，以促进幼儿行为、能力发展为重点，在充分考虑幼儿年龄特点的基础上，满足幼儿行为发展的需要。让户外活动环境成为能够激发幼儿的求知欲和想象力的多彩世界。

（二）环境与幼儿的相互作用

行为是对某个物体的刺激反应，它与人的心理活动和外界环境是密不可分的，适宜的空间环境能使身处其间的幼儿具有良好的心情，对其活动方式和探究模式起到一定的启发和引导作用。在幼儿的户外活动环境中，来自场地的各种空间感受、植物景观、游戏设施、材料等都能刺激幼儿的行为活动，并能进一步诱导其游戏行为的发生。

空间具有力量并且提供行为模式。[1]场所是某种行为事件发生的具体环境。它是具有形态、质感、颜色的具体物的组合。从广义上说，幼儿活动场所是幼儿与空间的总和，比如，说到幼儿园，我们马上联想到的是许多孩子的聚集地，而不仅只是一个建筑。幼儿的存在，使幼儿园环境具有了场所的意义和灵魂。孩子的行为通过其眼、耳、鼻、口、手等身体器官实现与环境中信息的传递与交换，也使幼儿产生了相应的意识活动，并对行为产生自然而长久的影响。活动空间是一个具象的实体，任何人都不能脱离它而存在，幼儿的行为不论其所处的环境怎样，都是在所属自己的空间里表现出来的。而似乎空间也在不经意地影响着幼儿的行为，对幼儿起着潜移默化的作用。幼儿作为空间的主体，在创设环境时就必须得到应有的尊重，满足并指导幼儿的行为需求。环境设计太简单会引起枯燥无味的厌烦，刺激太多，过于复杂，则又会导致感知饱和而难以理解。[2]

1. 环境中的公共空间

对于学校机构来说，幼儿园整体的场所都属于公共空间，但若是对空间进行了分隔或活动内容的划分后，它就具有一些较之于公共空间不相同的含义。若是对公共空间进行进一步的解释，我们认为：公共空间就是集体空间，比如社区公园、草地、人行道、河岸便道等公共场所，这跟幼儿园户外场地空间属性是相同的。公共空间的开放性设计是为满足幼儿自由活动和交往需求的，它能满足幼儿自主探究的心理需要，满足幼儿关注和参与外界活动的需要。幼儿户外活动空间的公共性就像建筑师盖里所说的那样："最重要的是它的可接近性，建筑要有一种'请进'的身体语言……建筑不妨碍人们进出，它在招呼你进去，我想建筑应

[1] [美]戴维·B·布朗宁等. 在建筑的王国中 [M]. 马琴译. 北京：中国建筑工业出版社，2004：83.
[2] 李道增. 环境行为学概论 [M]. 北京：清华大学出版社，1999，3.

图1-6　可做全园性集体活动场地的户外软地操场

图1-7　多种功能的绿地足球场

该像一场舞会，非常有吸引力。"[1]幼儿园户外活动空间中的公共空间主要包括小运动场、沙坑、戏水池、大型器械等。孩子们可以成群结伴地在此游乐，不仅能增加彼此之间的交流，还能培养合作意识和集体荣誉感等优良品质。

2. 环境中的领域性空间

幼儿园内领域性空间是按功能类型划分的，是指个体或团体暂时或永久控制着的一个场所空间，例如：班级活动室、备课室、办公室等。户外的领域性空间主要指暂时的功能划分空间，如：跑道、球场、沙池、"车"区、"车"道、玩水池等。当户外区域一旦进行了活动功能的分类，并在一定时间内有相对稳定的群体在其中活动时，这就暂时成为了领域性空间。领域性空间的设计和划分则有助于幼儿根据活动空间的规则参与活动，限制和约束孩子不文明的行为，积极发挥幼儿领域活动的效果，强化幼儿的角色意识和责任感。这对于尚处在他律发展阶段的幼儿来说是非常有帮助的。

图1-8　休闲区的玩水池

图1-9　沙池、攀爬一体的大型器械区

[1]　肖木，林影.中国表情的现代空间演绎[J].装饰装修天地，2003（12）：54-57.

3. 环境中的私密空间

私密空间的存在不仅限于室内，户外场地也能"制造"出一些私密的空间角落。如：滑梯拱洞、大型器械的某个转角空间、小树屋等。在环境心理学理论中，私密性是指个人或是群体有选择地控制自己与他人接近或交换信息的质与量的需要。每个人都需要有一定的私密性，只是私密性的表现形式在不同环境和社会条件下有不同的理解。通常来讲，儿童对私密性有自己的认识，他们总是认为，世界上的大多数场所都是大人们的天地，孩子都喜欢去成人进不去的角落，在窄小的空间里玩耍是大多数孩子共同的爱好，像树洞、洞穴、建筑或器械的转角都是幼儿喜爱的地方。而这些地方往往又是老师认为存在安全隐患最多的地方，这就成了一对矛盾。但不论怎样，丝毫不会影响孩子们对这些空间的探索，而且在设计和建造过程中

图 1-10　阅读园里的小木屋

图 1-11　在户外的小帐篷里自由活动

也可以通过对空间的限定、材质的处理来消除和降低隐患。常见的处理手法是创造过渡性空间、柔性边界、象征性分隔等。将户外的大空间处理为敞开的空间，小空间可以处理为私密的空间，将私密空间布置在敞开空间四周，之间用半敞开空间来过渡和衔接。这样既利于区域功能实现，满足幼儿活动的需要，又利于成人看护，消除安全隐患。

三、儿童精神生命需要自然环境的滋养

儿童是自然的存在。"自然"在古希腊文化中，最常见的解释是指构成事物的基质、自身具有运动源泉的事物本质、本性或天性。[1]在现代汉语词典中，"自然"除自然界之自然外，还有"自由发展"的内涵[2]，这个内涵与古希腊将

［1］［英］罗宾·柯林伍德.自然的观念［M］.吴国盛等译.北京：华夏出版社，1999：86-87.
［2］中国社会科学院语言研究所.现代汉语词典［M］.北京：商务印书馆，1996：1668.

图1-12　在草地上自由奔跑　　　　　　　图1-13　快乐运动

"自然"理解为"事物在其自身的权利中具有生长、组织和运动的天性"一致。可见，自然内含自由或自然即自由，这也是人超越动物所在的原因，凸显人与自然和谐进而获得自由的依据。自然即自由的命题为教育带来了启示，幼儿的生命成长不仅与自然的种生命联系在一起，也与周围的社会文化相连接，但若从幼儿生命成长的本质出发，社会及文化也属于自然的一部分，至少在幼儿教育机构是如此。卢梭在《爱弥尔》中所要培养的"自然人"就是符合人性自由发展的人，是自由自在地生活的人，幼儿自由地发展就是实现他"内在的自然"或"天性"。自然对待我们人类，就希望我们保持原有的天性，并在此基础上进行适当的教育。孩子的天性是天真活泼、好玩好问，在这个天性中包含着兴趣、爱好、情感、意志等自由创造的早期心理基础，它对孩子在日后能够卓有成效地取得自由至关重要。环境中土地、沙池、花草树木、玩具、材料就是要与孩子的生命、心灵和精神产生关系和信息的传递。事实上，自然与自由相结合的教育原则也是我们应该遵循的环境创设原则。

第二节　户外环境创设的现代视角

幼儿园作为人类现代社会培育新生命、传递社会价值与经验的基础教育机构，在从产生到发展的两个世纪里，悄悄地发生着改变。在互联网科技的冲击和教育民主化思潮的影响之下，固有的物质空间已发生革命性的改变。幼儿园的空间已突破原有建筑、每个活动室容纳十几或几十个孩子的课堂模式，许多幼儿园的内部建筑新颖而富有创造性，带有活动隔板、设置多种学习功能的区域或房间，可随意提供给小组或个人活动使用。而且更多具有趋势性的改变集中在户外活动区域空间的拓展和功能模块的多样化方面。

一、幼儿园户外活动空间环境的划分及功能

（一）幼儿园户外空间的划分

幼儿园的户外空间环境由于地域特点、设计风格的不同而千差万别，但从幼儿活动的空间属性来考虑，可分为领域性空间、功能性空间和场所性空间三种类型，按照功能性进行分类，户外空间可分为出、入口活动空间，边界空间，游戏活动空间，植被区（角）和机械放置区。

1. 出、入口活动空间

它是主要满足幼儿出入园、交通以及交往功能的集散场地，在园内紧邻幼儿园大门或建筑中的通道设置，可设置有特色的构筑物、花坛、休息设施等等。

图1-14　连接前、后院的透明防雨走廊

图1-15　连通各区域的走廊

2. 边界空间

一部分为幼儿园与园区外相交界处，另一部分是指园区内各个空间的交界处。边界空间的利用，不仅能扩大幼儿活动的范围，也能增强活动之间的连接和效率。

图1-16　防雨廊与室外自然环境连为一体

图1-17　楼层课室与开放公共区相连

3. 游戏活动空间

游戏活动空间是园内幼儿主要的游戏活动场所，包括器械场地、水池、沙地、运动场、植物角及公共活动场地等，对这些游戏区角进行更进一步的活动功能划分后，场地的利用效率以及幼儿相应的发展将更好。

4. 植被区（角）

植物种植区是幼儿园户外空间中的一个重要的空间类型，它可以是人工开辟的一个种植园、花坛、植物迷宫，也可以是一个自然的绿地，有着茂密的植物、裸露的泥土、自然的土坡和石块等，体现着人与自然和谐共处的氛围。

图 1-18　天台的绿化降温种植区　　　　图 1-19　班级课室的植物角

5. 器械放置区

为了便于幼儿活动取放，幼儿园还会在相应的墙角、过道摆放相应的体育活动器材，有利于教师和幼儿即时开展户外体育活动。

人类发展生态学理论认为，幼儿的行为与发生行为的环境密不可分。幼儿与场所空间的互动行为可以看成是双向的。幼儿在环境中会改变和调整自己的行为以适应环境，环境对幼儿的行为有着强有力的影响。而环境会随着幼儿的探索方法和行为变更被赋予不同的内涵，我们在观察幼儿活动时，通过活动过程和活动结果，不仅能了解幼儿的发展现状，也能了解促进这种发展的需求与空间环境的关系。环境会刺激幼儿产生不同的心理反应，他们会被某些事物吸引，从而利用它们发展自身的某些能力。我们知道，环境在赋予幼儿一定的活动范围的同时又对幼儿的行为产生一定程度的限制。

（二）幼儿园户外空间的活动类型

幼儿园户外活动类型主要指幼儿园户外空间环境中使用者的行为。幼儿园户外空间主要服务于幼儿，不同空间类型、游戏设施以及幼儿不同需求，都会产生不同的活动方式。

1. 必要性活动

必要性活动是指幼儿非自主的、都需要参与的活动。如出入幼儿园、排队、候车等，幼儿的选择余地较少。

2. 自发性活动

自发性活动是另一类全然不同的活动形式，只有在幼儿有参与的意愿，并在时间、地点都适宜的情况下才会发生。这一类型的活动体现在幼儿园户外空间环境中。包括散步、观察、休息、看书、晒太阳、攀爬跑跳等，这部分活动，只有在条件适宜、天气和场所具有吸引力时才会发生。社会活动的发生与环境品质有很大的关系。

图1-20　种植园里的观察活动

图1-21　在草地上快乐行走的孩子

3. 参与式的活动

必要性和自发性活动在周围环境和条件适宜的情况下会演变为小组、集体的活动，如同一活动主题的活动或竞赛性体育活动，包括游戏、竞赛性活动等。

图1-22　家长一起参与的亲子体育游戏

图1-23　乐在其中的低结构游戏

我们知道，幼儿的户外活动与环境条件相适宜，当环境不理想时只能发生必要性活动，当户外空间形式能逐渐吸引绝大部分幼儿的心理需求时，自发性活动大大增加。作为这两种活动之间的参与式活动也会有比较明显的提高，三种活动紧密结合贯穿在幼儿的活动过程中，他们共同的作用就是让幼儿园的户外活动空间变得更有生机和更有魅力。

（三）幼儿园户外活动空间的功能

1. 良好的户外环境促进幼儿社会性的发展

　　哲学中的社会性指在社会存在中人所获得的一切特性，而人在生产关系中的地位是其根本的决定因素，并同其他社会关系有着十分密切的联系。[1]幼儿社会性发展指幼儿在与他人的关系中表现出的情感、态度、观念、行为模式以及随着年龄变化这些方面而产生的变化。从幼儿心理发展角度讲，幼儿的社会性发展是指幼儿在进行社会交往中，逐渐建立自身的人际关系、理解和遵守行为规范，了解自己及他人的思想和意向并控制自己行为的能力发展。

　　（1）学会交往和规则。社会认知是人对社会关系的了解，发展心理学中关于幼儿社会认知的研究有三种角色选择：知觉、认知和情感。知觉选择主要感知他人如何看待世界，认知选择主要感知他人在想什么，情感选择是感知他人有什么感情经验。有研究表明，3—6岁的幼儿通过假想中的角色扮演，使自己的行为符合角色的社会规范约束，并有效促进幼儿在此三个方面的发展。

图1-24　妈妈主导的家庭角色游戏

图1-25　小伙伴们一同合作的社会性游戏

　　（2）通过延迟满足培养自控能力。延迟满足指为了更有价值的长远结果而甘心放弃即时得到满足的选择取向，是一种心理逐步转向成熟的表现，在等待过程

[1] 林玉莲，胡正凡.环境心理学［M］.北京：中国建筑工业出版社，2010.

图1-26 看诊时学会排队等候

图1-27 活动累了，坐下休息一会！

中表现出自我的控制能力。[1]延迟满足是幼儿自我控制的主要技能，也是幼儿情绪调节和社会化的重要成分，它是伴随人一生基本的积极人格因素。幼儿通过延迟满足，在没有外界监督的情况下控制和调节自己的行为，学会抑制冲动和抵制诱惑，有利于从依赖走向成熟。在幼儿园户外环境设计中，使空间可以促使幼儿在面对某些暂时不能参加的游戏设施或者喜欢的游戏空间时，表现出谦让、等待等自我控制能力，有效培养幼儿的延迟满足能力，为幼儿社会性的发展创造条件。

（3）透过环境积累现实经验。现实经验对幼儿的社会性发展起着重要作用。幼儿获得较多的社会经验是社会性发展的基础。幼儿对喜欢的外环境有着比较直接和明显的表现，适宜的外环境更有利于幼儿间活动和交往的展开。因此，我们为幼儿提供的适宜环境可以促进幼儿多活动、多体验及多交往，为其社会性发展创造更多机会。幼儿在环境中活动、游戏与观察，时刻与环境及同伴发生着互动，也加深了对环境的认识，不断地调整适应环境，从而促进社会性的发展。

图1-28 观察无土种植的蔬菜

图1-29 大榕树生出的"气根"

[1] MOORE G T. New directions for environment-behavior research in architecture［M］. SNYDER J C. Architectural research. New York: Van Nostrand Reinhold, 1984: 95-112.

2. 良好的环境促进儿童对周围世界的认知

（1）幼儿认知环境的过程。幼儿周围的客观世界是影响幼儿身心发展的决定因素，包括自然环境和社会环境。幼儿最初接触的是家庭环境，从进入幼儿园开始，便开始接受社会环境的影响。幼儿园环境或直接或间接地影响着幼儿的发展。

认知发展理论认为，人们认知客观事物过程主要的心理活动过程为：感觉—知觉—记忆—表征—思维。下图为幼儿接收和认知外部环境信息的过程图。[1]

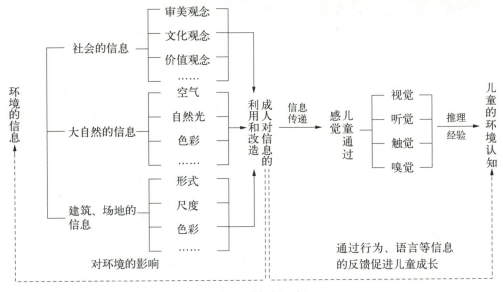

图 1-30　环境认知过程

皮亚杰认为，人类的认知过程是复杂的在机体与环境间一种相适应的过程。他用同化—顺化模型来体现这一相互作用的方式。认识不只是对所接触到的事物的简单复制，而是在与环境相互作用中，形成了关于现实的心理构成。皮亚杰基于人类的心理特点和认知发展规律，创立了认知发展阶段论：感知运动阶段（出生—2岁），前运算阶段（2—7岁），具体运算阶段（7—11岁）和形式运算阶段（12—15岁）。在这种连续渐进的发展阶段中，3—6岁幼儿认知系统还处于较低的发展水平。在他们与环境的接触中，他们已经完全可以从视觉、触觉和嗅觉的角度去读懂他们所处的环境，以此来感知世界。这种对环境的感知来源于诸多感官，而不仅仅是视觉。

---

[1]　MOORE G T,TUTTLE D P,HOWELL S C. Environmental design research directions: process and prospects［M］. New York: Praeger Publishers, 1985: 3－40.

（2）自然元素空间的提供。自然元素赋予了幼儿不同的活动方式和空间，给予幼儿美好、新奇之感，幼儿在充满自然元素的空间中玩耍，会对大自然中的花、草、沙、石、水等有直观的、感性的认识，也对培养幼儿的爱心和环境意识有很大帮助。在城市用地日趋紧张的今天，幼儿园户外环境的设计受到了很大的限制，许多幼儿园已经很难拥有一个完整、丰富的自然空间。这就不得不需要设计者想尽一切办法，利用好各个角落为孩子创设尽量丰富的自然空间。

图1-31 自然资源丰富的小山坡

图1-32 小小"钓鱼岛"

（3）利用环境培养幼儿对事物探索的兴趣。通过与环境的互动，幼儿会对环境中的某些事物产生特别的兴趣和爱好，体验环境中的各种情感，他们会逐渐感受到外部环境的美好，获得身体活动和认知活动的满足。这些情感活动对幼儿形成良好的个性品质有很大的帮助。在不断丰富自己认识的过程中，为将来成为具有完善和健全的人格奠定扎实的基础。

图1-33 观察小乌龟的生活习性

图1-34 种植园里找虫子

3. 幼儿行为对户外环境的影响

在幼儿园户外活动环境中，幼儿的人体尺度、活动模式、行为习惯、空间使用方式等都反映了幼儿园户外活动环境与幼儿行为之间的相互关系，都属于"空间行为"这一领域，其中领域性、私密性、人际距离、个人空间、拥挤感是五个基本的概念，它反映出幼儿在使用空间的心理需要，因此，日本学者又称其为"心理空间"。在社会、经济发展水平不断提高的今天，对于这些需求，设计中应加以重视。有研究者通过观察记录下幼儿的行为表现，见表 1–1[1]：

表 1–1 幼儿行为与户外活动环境设计导向

行为模式	特点	具体表现	设计导向
无事可做	没有引起幼儿兴趣的事情发生	站在老师周围或跟随老师，或在某个地方凝视四周	提供有效的空间
旁观	只是观看其他幼儿玩耍	在其他幼儿玩耍空间外观看，并且不会加入其中	提供停留观看、可坐的空间
单独游戏	独自一人玩自己的游戏，或和其他幼儿一块玩不同的玩具	独处、安静、观察	设计舒适惬意的私密空间，同时也能看到其他幼儿的活动空间
平行游戏	独自活动，但所选的活动和其他幼儿相同	在其他幼儿旁边玩，但不是和他们一起玩	保证活动空间的交流性
联合游戏	和其他幼儿一起玩	所有的幼儿一起活动，没有分工，活动没有组织性	提供合适的游戏设施
合作游戏	在一个团队中一起活动	组织幼儿为了完成某个情景或者达到一些竞争的目的的活动	提供足够的活动场地和设施

[1] 李婷. 幼儿园户外活动环境的优化研究 [D]. 沈阳体育学院硕士论文. 2014，6.

图 1-35　快乐攀爬

图 1-36　木瓜树挂果啦

人的行为是为了实现一定的目标或满足一定的需求。当需求被满足后，就构成了新的环境，而新的环境又将对人产生新的刺激。满足人需求的是暂时的、相对的事物。环境、行为和需要的共同作用不断地对环境进行着改变，环境的改变不断刺激着人们新行为的产生。

按照以上人的需要理论，如果幼儿园环境中没有为幼儿的发展提供所需要的事物，他们就会想方设法地通过自己的行为实现这种需要，例如，在课室或狭窄的走道追跑，又或是在老师不注意时到盥洗室玩水等。幼儿的这些行为中，有创造性的，但更多的是破坏性的。他们的行为不断地影响着周边的环境。在适宜的空间中，人的行为会得到真实的表达，空间的创设应该是人的真实意识和需要的反映，而不仅仅是来源于经验和灵感。对于户外活动空间，主体的人具有选择权、自主权和使用权，行为对空间的要求应具有变异性、自主性、同化性和持续性，见下图。[1]

（1）变异性：人的行为不断变化，为了满足这种变化，空间也应该是可变的。

图 1-37　空间与行为互动关系图

[1]　廉永哲.天津市滨水开放空间环境行为研究［M］.天津：天津大学出版社，2005.

（2）自主性：空间的使用者应该是要以在不受他人的干扰下，自主地选择其想从事的事情。但是这种自主性，会受到空间功能的制约。

（3）同化性：同一空间里的人们，需要遵守同一的行为规范，人的行为也会受同一空间其他人行为的影响。

（4）持续性：人在一段时间里，会在不同的空间里从事持续的行为。

4. 户外环境对幼儿行为的影响

户外环境为幼儿行为活动提供了空间和条件，活动中幼儿的行为会因空间的不同而有不同的行为表现，其行为会受到空间的制约。可以说，空间对人的行为有巨大的影响。空间对人行为的影响有启发性、限制性、开放性和认同性之分。幼儿在空间中会产生相应的行为活动，产生一定的认同感和归属感。

（1）启发性：不同的外环境会给幼儿不同的心理感受，幼儿因此受到不同的启发而产生不同的行为。

（2）限制性：空间环境的使用功能会限制幼儿的行为活动，所以要根据幼儿的需求进行不同属性的空间设计。

（3）开放性：空间环境应该具有多元的使用功能，从而增加空间的利用率，满足不同幼儿不同状态下的需求。

（4）认同性：不同空间环境会赋予幼儿不同的活动内涵，幼儿会因不同的环境产生不同的行为，而幼儿会在空间中产生归属感和亲切感。

陈鹤琴先生曾指出："小孩子无知无识，没有什么能力，他与环境和社会接触时间越多，他的知识愈多，能力愈充分。""我们不得不为小孩子创造优良的环境。"幼儿所处的空间，能够鼓励幼儿行为的发生，同时幼儿的行为会改变环境，他们之间是一种互动关系。英国首相丘吉尔也曾说过："人类创造了空间，空间反过来创造人类。"对幼儿园外环境设计时，应依据大多数幼儿的行为特征来设计，我们应对其有细致的了解，让环境为幼儿的需要和发展服务。

二、幼儿园户外活动空间设计的生态学视角

近年来，生态学、生态环境和生态研究等概念受到国内外教育界的重视，特别是布朗芬布伦纳的人类发展生态学理论更为学术界人士所关注。人类发展生态学是"对不断成长的有机体与其所处的变化着的环境之间相互适应过程进行研究的一门学科，有机体与其所处的即时环境的相互适应过程受各环境之间相互关系，以及这些环境赖以存在的更大的环境的影响"。[1] 我们将幼儿所处的幼儿园

[1] 彭蝶飞. 幼儿园生态环境教育探析 [J]. 学前教育研究，2007（7－8）：73－75.

户外空间设计置身于生态学视野下,这是一种新的理念,突出表现为一种生态学的基本观念与原则。基于生态学的相关理论影响,幼儿园户外空间应处于一种动态发展的状态,空间各要素之间相互联系且与幼儿发展相互适应,共同维持户外空间的持续发展。

(一)幼儿园户外活动空间设计生态学的基本观点

基于生态学的理念与立场,幼儿园户外活动空间设计所持有的基本观点,突出表现为以下三个方面:

1. 关于户外活动空间的动态性发展

布朗芬布伦纳在阐释人类发展生态学观点时这样提到:人是在不断发展的,不是环境可以任意施加影响的一块白板,人是在动态的环境中不断成长并且重新构建其所在的环境实体。[1]幼儿园户外空间不仅要关注幼儿发展,还要关注自身发展,将幼儿置身于动态发展的环境中,才能激发幼儿的探索欲望,对幼儿产生强有力的影响。生态学视野下的幼儿园户外空间设计,强调空间的多变性,为幼儿提供多变的材料以及不断更新的空间环境,呈现给幼儿新颖而有趣的空间设施,促进幼儿不断发展。

图1-38 围树而建的小木屋

图1-39 亲近春天

2. 关注户外空间中各活动因子之间的联系性

布朗芬布伦纳的人类发展生态学认为与人类发展过程相联系的环境不是指单一的、即时的情景,还包括了各种情景之间的相互关系,以及这些情景所根植于的大

---

[1] 张婕.从生态学视野看儿童发展——六种生态学理论的比较研究[D].华东师范大学硕士论文,2006.

图1-40 爬树的体验

图1-41 练习攀爬，与器械互动

环境。生态学理论的系统观更是强调各要素之间的联系性，将生态学理论运用到户外空间设计时，户外空间的每个活动因子都要被考虑进来。幼儿在户外活动时，容易出现偏区现象，每个区域人员分布不平衡，原因主要是各区域联系性不强，难以将幼儿视线在各区域之间转移。因此，幼儿园户外空间的设计中，不仅要关注每个细化的要素方案，还应考虑到要素之间的相互联系，注重区域性界线的设计，强调引导性和联系性，促进户外空间的整体性融合。

3. 支持幼儿及空间的互动

空间是依附于人而存在的，是实体与实体之间的相互关联而产生的一种环境。幼儿园户外活动空间是幼儿与他所处的自然环境相互作用而产生的，布朗芬布伦纳认为，幼儿园户外活动空间对幼儿有其影响作用，并需要与幼儿相互适应，因此，幼儿与户外活动空间之间的作用过程是双向的，呈现一种互动的关系。在环境设计中，单纯的儿童中心或者环境主导都是违背生态学理论的，既要涉及人性化的空间环境，又要考虑到自然环境的生态发展。在户外环境的设计中，如何处理空间各要素之间的关系以及幼儿与空间之间的相互适应性，如何解决幼儿园室内室外缺乏联系等，都是我们所面临的问题。

图1-42 在小池塘里捞鱼

图1-43 在植物墙上赏绿

（二）幼儿园户外活动空间设计生态学的基本原则

生态学视野下幼儿园户外活动空间设计关注幼儿园环境的动态发展，关注户外空间各种活动因子之间的联系性，注重幼儿及空间的互动作用，基于此观点，提出幼儿园户外空间设计生态学基本原则。

1. 整体性原则

幼儿园的户外活动空间好比一个生态系统，它首先应具有整体性，而不是各要素之间相互对立、排斥、分离。在幼儿园户外活动空间设计中，既要考虑美观性，又要考虑动与静的结合、封闭与开放的结合、独立与组合的结合。例如，室内室外空间、动静活动空间要合理过渡，在开放的公共活动设施附近安置小尺度的个人空间。

整体性的空间布局不仅可以发挥每个区域的重要功能，也促进了相邻的区域板块之间产生积极的互动。例如，将玩沙区与攀登器械安置在一起，便可以吸引玩沙区的幼儿去攀登，幼儿结束攀登游戏后也可以直接进入玩沙区。将室内外过渡区域改造成绘画墙和光影探索墙，既衔接了室内外，又激发了幼儿对两种墙面的探索兴趣，这种有意识的整体性布局，形成了各板块之间的互动。

图1-44 休闲区的整体空间

图1-45 立体化的植物园

2. 自然性原则

用水泥、瓷砖、塑胶等材料试图为幼儿创造一个舒适、安全而美观的空间环境，可是幼儿与这种环境的亲近度却大打折扣。幼儿生活中的大部分时间都在幼儿园里度过，如果我们不能够提供给幼儿接触自然的机会，幼儿又如何能了解自然、环境与人类生活的关系？陈鹤琴先生提出，应该让幼儿与大自然多接触，我们应提供幼儿与自然接触的机会，才能丰富他们的经验，锻炼他们的技能。在设计幼儿园户外空间时，要在保留自然的基础上增添设施，而不是破坏自

图1-46　为幼儿提供种植体验的"幼耕园"

图1-47　木制器械与环境融为一体

然后又重新塑造，要做到利用、保护为主，就地取材，融园内建筑于自然景色和地形之中，尽量在园内为幼儿保留一片自然的土堆、大片的草地和可以遮阳的树木。

3. 儿童化原则

环境创设的根本目的是促进幼儿发展，脱离了幼儿，幼儿园户外活动空间将不复存在。空间的分区、材料的选择、色彩、尺度等都要符合幼儿的身心发展特点。幼儿是一个特殊的群体，对万物好奇，我们在为幼儿设计多变的环境时，要降低我们的视线，从幼儿的视野来创设环境。另外，幼儿园户外空间面向的是整个幼儿园的孩子，它的设计更要注意幼儿的个体差异，注重因材施教，创设适合不同年龄、不同性别、不同个性、不同能力幼儿发展的空间。

图1-48　沐浴在自然中的学习

图1-49　小树屋下快乐荡秋千

4. 可持续原则

可持续性是生态学倡导的重要理念，可持续性原则的核心是资源的持续利用和生态系统可持续地保持，资源保护、资源再生和资源再利用是可持续发展的目标。幼儿园户外空间设计要使用生态环保的绿色能源，如太阳能、风能等，提高传统能源的利用率，并充分利用及可重复利用、可循环再生的环保材料以及生活中的废旧材料，将废物变成资源，保持幼儿园户外空间的动态发展。一些幼儿园的户外环境从建园伊始一成不变，毫无新意。生态学视野下的幼儿园户外空间坚持可持续发展原则，在节约能源的基础上，提高能源利用率，使每条生态链上的要素相互作用、相互影响，不断产生新的生态因子。

（三）幼儿园户外活动空间设计的策略

1. 空间格局上追求开放与整体

（1）道路互通。幼儿的心理特点倾向于喜欢变化的事物及活泼的环境，从一个空间到另一个空间，他们在不断地寻找着下一处有趣的活动场所，所以，即使是空间中相互连接的通道设计也要考虑到多样化和趣味化，为了维护户外空间的整体性格局，可以设计具有循环性的路线，如立交桥一般既闭合又开放（幼儿园墙角的线路图），可以改进有些空间安排过于分散的情况，也加强了园区和建筑物的联系。在过道的铺装上可以采用不同的材质、颜色等；道路两边可以设计幼儿喜爱的连续性造型；路面的宽度可以适当调整，时而宽、时而窄；还可以在路面上开创一些缝隙，使植物生长其中，更加贴近自然，富有趣味。

（2）廊道串联。据观察，许多设有长廊的幼儿园，长廊在冬天是闲置的，除了老师带孩子们散散步，基本上没有其他的活动，这样的长廊利用率太低。原因一方面是天气较冷或较热，另一方面是长廊往往设在角落中并不显眼。我们可以利用长廊串联户外空间的各个区域，不仅可丰富区域的层次，增强联系性，也可以把幼儿吸引到各个区域，不至于某个区域人满为患，某些区域又无人问津。另外，长廊还可以作为室内区域活动的延伸，开发出适合区域活动的资源，如公交车站，运动休息点等。长廊作为幼儿每天必经的区域，可以增加一些趣味设施，幼儿可以观察植物变

图 1-50　交叉通道，可通向各区域

图 1-51　走廊里的艺术触摸墙

图1-52 孩子们的活动从室内延伸到室外和球场

化，欣赏绘画作品等。将走廊单一的功能转变成为一种游戏的空间，让幼儿走在去"上课"的路上，走在去"活动"的路上，这都是一种游戏。

（3）室内外衔接。幼儿园室内外衔接处的凹凸空间是连接室内外的重要空间点，为了增强室内外的联系，既可以将户外空间的自然环境引入室内，也可以吸引幼儿探索户外空间，这种室内与室外过渡的空间又被称为"灰空间"，通过过渡以达到室内外的相互融合。比如建筑入口的走廊、屋檐下等，可以在门厅的顶层种植可垂直生长的植物，使室内外都充满大自然的气息；也可以在门厅处增设一些简单的器械，如秋千、云梯等；门厅空间面积较大的话，可摆放幼儿休息、观察的小座椅。"灰度"空间不仅增加了空间的层次，协调不同功能的建筑体，还在一定程度上改变了建筑的比例。在幼儿园设计中，还可以在多雨和炎热的天气下为幼儿提供尽可能自然的游戏空间，也给教师在组织活动时提供了更多选择的场地。国外幼儿园也常常采用建筑局部延伸到室外的手法，模糊室内外空间的严格界限，形成连续的空间体验。并且户外学习区域有助于激发幼儿的好动性和创造性，是一种灵活的多功能的空间。

（4）相关邻近。在设计空间时，彼此相关程度较高且容易产生互动的区域，可安置在邻近的空间内，或者以通透的隔离物分隔或者直接相连，形成功能上独立但又可以互通的整体。例如，将玩沙区和玩水区邻近，沙水结合既可以丰富活动的兴趣，也方便清洁和整理。

2. 在空间设施上追求个性与趣味

幼儿园的许多户外空间设施多是从市场上购买的，以塑料、铁制的为多，如滑梯、转椅、攀爬架等，这些设施的造型及功能都相对单一，趣味性不足，且与周围的环境难以融合。现代幼儿园环境的理念要求幼儿园室外空间是充满体验、冒险和激励幼儿游戏的世界，有经过深思熟虑布置的小路，沙区，小山上的滑梯，凹洞里的挖沙机，而且可以根据幼儿园的环

图1-53 户外的个性化空间

境特点自制一些充满趣味性、组合型的器械，幼儿可以滑滑梯、玩秋千、攀爬等。多元的活动设施可使各种资源协调统一，相互联系，不乏童趣。

（1）小尺度空间。幼儿喜欢躲在帐篷中、墙角处、矮墙围合或半围合的空间里，从适合他的空间尺度中获得心理上的安全感，如果在幼儿园的环境设计中能适当设置类似的游戏活动空间，那幼儿园就是对孩子们充满吸引力的地方，这种空间能够满足幼儿的心理需求，促进幼儿心理的健康成长。在小尺度空间中，可以随机或有选择地与同伴交流、游戏。我们可以在户外的角落中，为幼儿设置小木屋，幼儿可以在里面自由探索，还可以休息或观察周围环境，不受外界干涉，使幼儿获得充分的归属感、领域感。挪威设计师霍内福斯设计的向日葵幼儿园，就在室外沙坑边设计了木质的小凹室，孩子们玩累了就可以到小凹室休息或在小凹室里继续玩沙。以色列的一所幼儿园则在园内搭起帐篷，幼儿在这些帐篷里进进出出，自得其乐，或者作为交往空间，一起游戏。这些空间，或许在成人眼中很小，但正是这样小尺度的游戏空间，让幼儿有丰富的空间体验，获得无限的活动乐趣。

（2）攀爬架。攀爬活动对孩子的上肢力量及身体的协调性有非常好的效果，有攀爬器械的地方更是吸引孩子们。幼儿手脚并用，不畏艰难，勇敢攀登，能促进幼儿身体和心理的健康发展，为了安全起见，攀爬架下应是软地或有缓冲的保护垫，也可以直接放在沙池里。

（3）玩沙、玩水区。沙和水向来都是最受幼儿青睐的对象，小脚踩在沙上，手捧流沙，体会无穷的乐趣。水和沙形态不同，但又有点相似，可以流动，也可以塑形，沙和水不仅能够给幼儿带来快乐，还能促进幼儿身体机能、认知和情绪情感的发展。

沙子应选用天然细软的黄沙或海沙，黏性大且可塑性强。为吸引幼儿兴趣，提高资源的利用率，沙地、水池周围可添加一些辅助的设施或器械，沙池周围可通过草地、水作为过渡，不仅可解决带出沙子的问题，也可以沙水结合，增强游戏活动的趣味性和挑战性，沙池里添加漏斗、平台，让沙子的流动和停留变得更具体，水池边可建透明的水流管道、人力水车、小喷泉等，丰富幼儿对沙水的物质属性的认识（见图1-54）。

（4）因地制宜、巧用地势。在立足园本生

图1-54 架上水车，让水动起来

态环境的基础上，尽量保留幼儿园的自然资源。幼儿园的地势、地貌若是富有变化，那么，环境自然也就有了丰富的色彩。研究者发现，幼儿总是喜欢在土堆、沙丘等具有一定坡度的场所游戏，他们享受于攀爬、下坡、翻滚，变化的地形可以提供给幼儿更多活动的机会，让他们从中体验到的快感要远远高于滑梯。在自然（或人工）的坡道上顺势设置滑梯，同时也可在侧面附设凹洞，增强活动的可探究性，可同时提供铲子、滑板等物品给孩子使用。

（5）树木。树在南方炎热的天气中不但可起到遮阴的作用，也是幼儿园自然生态群落建设中不可少的一个重要组成部分。自然分叉点低的树木，幼儿可以直接攀爬，树干高的树木可以架上木梯、搭上软梯，增加幼儿的攀爬经验；有条件的话可在树上建树屋，为幼儿提供有趣的活动空间。沙池、水池可考虑建在有大树的地方，为逗留时间较长的活动提供庇护。

图1—55 利用树木创设的动作活动

（6）楼顶平台。为了缓解现代幼儿园建设户外活动场地不足的问题，开辟楼顶平台是一个不错的考虑，平台上首先要设置安全防护网（栏），保证幼儿的安全。在平台上可以搭建遮阳罩，种植绿色植物，摆、建相应的体育活动设施或开辟种植园地，让平台成为孩子们快乐活动的天地（见图1—56）。

图1—56 楼顶平台种植的蔬菜

三、环境中的设施与幼儿活动

幼儿园环境中的设施材料是促进幼儿全面发展的重要元素。有针对性地选取并按一定的数量投放设施材料，将对幼儿各项动作技能的发展起到辅助和促进作用。值得一提的是，设施的外形要和幼儿园文化及环境风格相融合，与整体环境构成一个和谐的氛围。同时要定期对设施进行检查、修理或更换，以保证幼儿可以安全的使用。

（一）户外环境设施有利于体育游戏开展

《幼儿园教育指导纲要（试行）》和《3—6岁儿童学习与发展指南》都指出，

游戏是幼儿学习的基本方式，幼儿将游戏作为认识外部世界的主要途径。而活动设施则为幼儿游戏提供了基本的平台，它与幼儿的心理活动及行为有着密切的联系。适宜的活动设施会使幼儿真正找到自我，缓解焦虑情绪，促进幼儿健康成长。幼儿活动环境中的设施应该不仅仅局限于玩的用途，更应该让幼儿学有所得，有所成长，例如：培养幼儿的探索精神、克服困难的勇气、团队合作能力等等。[1]更多现实的情况是，设施的提供停留在旧有物质性设计与建设上，忽视幼儿成长的真实需求，缺乏真正支持幼儿健康成长的理论和实践创新。[2]为了突破现状，许多幼儿园将户外活动设施设计成可移动的器材，加大了各种器械功能及效果的运用。

图1-57　练习多种攀爬动作的自制器械

（二）幼儿园户外传统活动器材设置的类别

1. 攀登类

攀爬架，木制攀爬架、联合攀登架及绳结的软攀登架，竹梯等。

2. 摇荡类

靠外力或者幼儿自身的协调能力使身体轻微摆动，如秋千、摇椅、荡桥（船）等。

3. 旋转类

以转盘为中心轴，转盘边缘设在支架上，有座椅或扶手，在外力的作用下旋转，如转椅等。

4. 平衡类

如平衡木、平衡条、梅花桩等。

5. 钻爬类

利用木材、塑料、钢管或帆布等材料组成有趣的造型，幼儿可在其中钻爬，如钻爬管、钻爬筒。

---

[1] 汪颖赫.幼儿园户外空间环境设计研究[D].东北林业大学硕士论文，2011，6.

[2] 李美.基于儿童发展心理学的儿童娱乐设施研究[D].河北工业大学硕士论文，2012，6.

6. 起落类

幼儿坐在两端，通过轮流蹬地而上下起落，如跷跷板。

7. 滑行类

幼儿从爬梯上登高后，依靠身体重力沿着坡道滑下，例如各类滑梯。

有些器械，如秋千、荡桥等，在幼儿玩耍的过程中会出现碰撞的危险。所以，器械之间的布置应该保持一定的距离；固定器材应设置在离人流经过较远的空间。如：针对广东地区天气炎热、阳光直射时间较长的气候特点，活动场地应栽植高大乔木以便遮阴；活动的设施也尽量安排在绿地或采用柔性铺装的地面上。在国家教委《幼儿园教玩具配备目录》中，规定了6个班规模以上的最少器械配置内容及占地面积，如下表所示：

表1-2 最少器械配置内容、安全维护范围及占地面积（表格来源：网络）

序号	名　　称	配备数量	规格尺寸（m×m）	安全维护范围	占地面积（m²）
1	攀登架	1	2×2	1	9
2	平衡木	2	1×0.1	1	4.5
3	拱形门	10	1×0.5	1	25
4	滑梯	1	4.7×0.4	1	8
5	转椅	1	直径3	1	20
6	跷跷板	1	2×0.5	1	4.5
7	跳跃、投掷、联合架	2	直径1.2	1	8

此外，幼儿在使用这些活动设施之前，教师应对幼儿进行使用规范教育，对某些需要注意的事项进行强调以保证幼儿活动安全。注意幼儿活动，及时纠正幼儿不正确的行为，使幼儿逐渐形成安全活动的意识。

（三）依据不同年龄选取相应的活动设施

适宜的活动设施、材料有助于幼儿肢体和技能的发展，有利于促进其身心健康。不同年龄阶段的幼儿需要不同的动作刺激，活动设施可以满足他们不同的需求。目前幼儿园户外相对固定的身体活动设施主要有转椅、篮球架、滑梯、人造草坪或塑胶运动场、秋千、蹦蹦床、休闲椅、摇摆机、跷跷板等。从运动方式上可分为：攀爬式、滑动式、摆动式、转动式、坐骑式、拆装式、充气式、走跳式、组合式。[1]适合幼儿年龄特点和身体发育情况的活动设施，能通过身体活动促进幼儿良好的情绪，增强其主动性、积极性和创造性。

图1-58　跑跳区里可爱的小袋鼠

1. 小班幼儿的特点

（1）幼儿在三岁以后，已经掌握各种粗大运动技能和精细运动技能，可选取小型的体育设施活动。设施应易于小班幼儿的操作，可以使幼儿操作成功，分析设施的大小、重量、形状和玩法等，满足小班幼儿的需求。

（2）活动设施必须具有鲜明的动作性。3—4岁的幼儿思维特点是先做再想，有很强的直觉行动性。所以为小班幼儿提供活动设施时着重考虑那些有直接动作性的设施。

（3）注意的无意识性要求活动设施外形清晰、颜色鲜亮有吸引力。3—4岁幼儿的无意注意占优势，色彩鲜艳、形象生动的设施更能调动他们的兴趣，从而积极地投入到活动中去。

（4）每种设施的数量要足够幼儿使用。3—4岁幼儿的模仿能力较强，他们看到别人玩的东西之后自己也会希望投入其中，所以要配备充足的活动设施满足幼儿模仿的需要。

2. 中班幼儿的特点

（1）设施需要具有活动性和变化性。4—5岁幼儿活泼好动的特点尤为突出，提供适宜的活动设施有利于他们不断地变换活动方式和姿势，更好地提高他们的动作能力。

（2）设施需要具有丰富性和形象性。4—5岁幼儿主要依靠事物的表象进行思维，随着他们的阅历和知识不断增加，应该为他们提供具有趣味的实物形象和具有多变的操作形式的

图1-59　纸箱游戏——打地鼠

[1]　郝剑锋.儿童游乐设施的设计与研究[D].湖北工业大学硕士论文，2008，6.

器械。

（3）合作性活动设施有助于加强幼儿的集体意志。幼儿此时有了任务意识，形成了最初的责任感。同伴关系逐渐增强，幼儿可以合作组织进行游戏，从分工和合作中，不断加强幼儿的集体意识。

3. 大班幼儿的特点

（1）设施的难度可适当增加，为幼儿提供挑战性的任务，5—6岁的幼儿有很强的求知欲和认知兴趣。在这个阶段，为幼儿提供具有挑战性的设施，使幼儿获得成功的体验，从而为自身的进步感到骄傲。

（2）为大班的幼儿提供探索性的活动设施，为幼儿制造可以进行探索的环境。5—6岁的幼儿已经出现了有意的自我调节和控制心理的方法。他们有自己的认知方式，探索性的活动更能加强他们对这种方法的锻炼和掌握。

（3）同一活动内容中加入多种活动设施。幼儿在这个阶段中，对自己的喜好已经有了比较稳定的态度，他们对活动的类型也表现出比较明显的倾向性。但是为了使幼儿全面发展，可在同一活动内容中考虑加入多种活动设施，以满足个体的需求。

4. 让环境设施发挥最大的教育意义

（1）与传统文化相结合。可根据幼儿喜好模仿、好奇心强的特点，将国内外文化中的一些寓言故事中的景物与活动设施结合起来，特别是与能够体现真、善、美的环境相结合，让孩子们身在其中，在身体活动中潜移默化地受到良好的熏陶。如有的幼儿园或公园里建有梅花园、翠竹苑、百果园、五指山等主题环境，为幼儿户外活动提供了良好的情景氛围。

（2）与科学文化相结合。幼儿户外活动设施也是普及科学知识的良好途径，将一些简单的生活常识和物理知识融入活动设施中，让幼儿在玩耍中学习，更能培养幼儿的兴趣和能力，发展幼儿的智力。例如戏水池、隧道滑梯、机械攀爬、镜子迷宫等。

（3）与益智类活动设施相结合。益智类活动设施需要全身心投入，一个人或者与其他同伴一起活动，幼儿会发挥自身的主动性和想象力，并学会与他人合作。富有创造性的益智类活动设施在培养幼儿创造力的同时，也使幼儿情感教育得到发展。

第三节　户外环境是儿童的"乐园"

户外活动场地包括常规的露天场地，也包括楼顶平台和底层架空的风雨操场。户外活动场地是幼儿主要的身体锻炼场所，也是幼儿与大自然、与同伴互动的场所，它对幼儿的健康成长、增强体质及社会性的培养至关重要。

一、户外环境是孩子的幸福之家

幼儿园应成为儿童温暖有爱的家，家的生命和能量需要建筑所赋予。幼儿园不同于学校，儿童的成长比任何知识的获得都具有更根本性的生命意义。建筑和环境应当尊重儿童自然成长的需要。一位西方教育家说过："过道德生活就是过幸福生活。因此，自然而然的，应该尽一切努力以确保孩子的幸福。"快乐是幼儿健康成长的重要标志，幼儿的快乐生活首先应建立在"无负"之上。幼儿园不是学校，学前教育也不是学业教育。在当下的学前教育中，教育部门虽然已从上到下地采取多项举措防止幼儿园教育"小学化"，显性的小学化倾向虽然不多见，但隐性的小学化情形却难以绝迹。其典型的特点是教师的教育行为中存在着违背幼儿身心发展规律的现象，幼儿失去了学习的主动性和积极性，失去了应有的自由，教育过程失去应有的趣味和快乐。[1]幼儿园应成为幼儿的快乐之园。

图1-60　校园里的亲子阅读

二、户外环境是孩子种植的百草园

作为最重要的幼儿教育机构，幼儿园应该为儿童的天性成长提供基本的环境支持。这种环境，既是物质上的，也是精神上的。集中的绿地不仅是美化幼儿园、净化环境、隔声减噪、改善小气候、认识植物及幼儿室外游戏的场所，也有提升幼儿教育效果的功能，如：陶冶幼儿情操、引发联想、拓展思维等。幼儿园应该区别于学校，保持基本"园林"、"园地"、"家园"之形态。被誉为"幼儿教育之父"的福禄贝尔把他创设的世界上第一所幼儿教育机构命名为"幼儿园"，这其中是有深刻含义的："他把园圃里的植物当作幼年儿童的象征，他认为儿童应在同大自然的密切联系中成长起来，他把幼儿园比作花园，把幼儿园教师比作园丁，把幼儿的发展比作培植花草树木的过程。"[2]对自然环境及规律的遵从是儿童获得发展的必要前提。幼儿园应该是孩子天性成长必不可少的重要环境。幼儿园应当成为自然之园林，成为幼儿身体发育、精神发展的重要领地，应该成为幼

[1]　虞永平.小学化现象透视[J].幼儿教育，2011（4）：6-7.
[2]　[德]福禄贝尔.人的教育[M].孙祖复译.北京：人民教育出版社，2001：10.

图1－61　沐浴在自然里的孩子　　　　　图1－62　美丽的花圃

儿健康之源、语言之源、音乐之源、诗之源、知识之源、生命之源和精神之源。毋庸置疑，要在现代城市或城镇中营建一个自然的环境，确实有其难以克服的困难。但即使不能为幼儿提供大自然，起码也能在幼儿园里为孩子们开辟出小自然。"既然儿童的肉体生命需要大自然的力量，那么他的精神生命也需要心灵与物的接触，以便直接从生动的自然造化能力中吸取养分。达到这一目的的方法是让儿童从事农业劳动，引导他们培育动植物。"[1] 所以，"幼儿园要种植，不能让水泥阻止植物的存在。同时，幼儿园也不能以'绿'为标准，而是要超越绿化，应将种植放置于幼儿园课程的框架中加以考虑。"[2] 这对我们现代的幼儿园环境创设是有重要借鉴意义的。

三、户外环境是孩子的游乐场

游戏是儿童的天性，幼儿园应当成为儿童的"游戏之园"。"只有当人是完整意义上的人时，他才游戏；而只有当人在游戏时，他才是完整的人。"[3] 游戏是幼儿的天性、天能，亦是幼儿的天权。它是幼儿教育中不可或缺的重要内容。人类的童年最具诗性的游戏情怀。"对于孩子来讲，游戏是最严肃的事情。世界在游戏中向儿童展现，儿童的创造性才能也是在游戏中显示的。游戏犹如打开的一扇巨大而明亮的窗子，源源不断的有关周围世界的观念和概念的湍流通过这窗子注入孩子的心田。"[4] 需要明确的是，游戏的实质在于游戏就只是游戏，没有任何任务担当，才称得上为游戏。以游戏为途径的教学，重心仍然是教学，游戏只是

[1]　苏霍姆林斯基.把整个心灵献给孩子［M］.唐其慈等译.北京：人民教育出版社，2001：160.

[2]　虞永平.从特质环境中感知幼儿园课程文化［J］.教育导刊，2008（7）：5－6.

[3]　［德］弗里德里希·席勒.审美教育书简［M］.张玉能译.上海：上海人民出版社.2003：48.

[4]　苏霍姆林斯基.把整个心灵献给孩子［M］.唐其慈等译.北京：人民教育出版社，2001：115.

图1-63　快乐奔跑，健康成长

图1-64　快乐的纸飞机

装饰，游戏的本质已经悄然流失。仅以游戏为方式和手段，来变相地以游戏促学习，是不真实也不彻底的游戏。游戏需要宽阔的户外场地，如果我们的幼儿园主要是楼宇，它就没有达到一个幼儿园最基本的游戏实施要求。幼儿园应尽量提供宽阔、吸引人的"游戏场所"而不是"教学空间"。而且，这一"游戏空间"不仅仅是物理意义上的广阔空间，更应该是精神层面的宽松无负的游戏空间。幼儿园应该成为幼儿的"游戏之园"。

第二章 探索不止步
——经验的积累与更新

第一节 作为课程存在的户外混龄区域活动

一、概念解析

（一）户外活动

户外，是幼儿喜欢的活动场所，也是教师向幼儿实施素质教育的又一教室。户外有着教室里没有的活动空间，户外活动有着教室里往往没有的那份欢快与自由，还有更多的社会互动、语言表达、情感释放、身体活动等机会，因此，户外活动是幼儿教育的重要组成部分。幼儿园户外活动，从狭义上来说，是指幼儿园范围内的室外活动；从广义上来说，是指幼儿园利用户外一切可利用的自然环境、自然资源开展的活动，包括社区内的户外活动及社区之外的大自然、田野等活动。幼儿园户外活动内容丰富，祝士媛、唐淑主编的《幼儿教育百科辞典》和顾明远主编的《教育大辞典》中都认为幼儿园户外活动具有内容丰富、灵活性大等特点，有利于发挥幼儿的主动性、积极性、独立性和创造性，是幼儿接受日光、空气和水的锻炼的好途径。

幼儿园户外活动中各类大中型器械练习、体育游戏、幼

图2-1 小班级有趣的早操活动

儿体操等，都可以作为学前儿童户外活动的形式。幼儿园户外活动的形式应当包括：基本动作练习、队列练习、体育游戏、体育器械运动、幼儿体操、幼儿运动会、早操等。幼儿园在一日活动中为幼儿提供其他的户外体育锻炼机会。

（二）混龄活动

混龄活动，是指在幼儿园里把3—6岁不同年龄的幼儿组织在一起游戏、生活和学习的活动，以实现促进幼儿社会、语言等各项能力发展的教育。按不同的分类标准，混龄教育有不同的类别，如按内容分有游戏混龄、教学混龄和生活混龄；按组织模式分为整日连续编班和间断混龄编班。本书所指的是按内容来分的混龄活动。

混龄活动为幼儿提供了一个大家庭式的学习、活动与生活环境。通过这样的环境能有效促进幼儿学习的主动性、语言和思维的发展以及培养幼儿的学习兴趣。同龄、混龄伙伴的社会性效能促进个体的完善与发展。在混龄活动中，不同年龄幼儿获得的体验、能力和品质是不同的。与年幼幼儿的交往，能培养其责任心、自主感和组织能力；与同龄者交往，能提高对事物的体验认知、协商合作能力；与年长幼儿交往，能获得社交技能和知识经验的学习机会。作为同龄教育的有益补充，混龄教育为幼儿提供了与不同年龄段交往的机会，扩大了幼儿的接触面，使幼儿有更多的机会与不同年龄、能力、性格的幼儿相互交往，并通过交流、互助、示范、模仿、学习等方式，自主地进行各种认知活动，学会分享、合作等与人交往的态度和技能，为幼儿形成积极健康的个性奠定基础。

（三）幼儿体育活动

幼儿体育应该是遵循幼儿的生长发育规律，结合多种因素和安全、卫生等措施，以促进幼儿身体正常发育和机能的协调发展，增强体质，培养良好的生活习惯、卫生习惯和参加体育活动的兴趣为目标，以基本动作的练习、体育游戏、体育器械活动为主要形式的教育实践活动。

幼儿体育活动是幼儿活动的组织形式之一。《中国学前教育百科全书·教育理论卷》中对于幼儿的体育活动是这样解释的："幼儿体育活动是幼儿园体育的重要组成部分。在幼儿园最常见的幼儿体育活动形式有早操活动、体育课和户外体育活动。幼儿体育活动的任务是：锻炼幼儿的身体，促进其正常发育，提高他们对自然环

图2-2　大班幼儿创造性体育游戏

境的适应能力，增强体质；发展幼儿的基本动作能力，使动作灵敏、协调，姿势正确；培养幼儿机智、勇敢、遵守纪律等的优良品德和活泼开朗的性格。"其活动的内容包括：基本动作的练习，基本体操的练习，体育游戏和运动器械的活动。

幼儿体育是幼儿全面发展的重要条件，是幼儿全面教育课程不可缺少的环节，是幼儿日常有意义和教育性的活动，是幼儿身心健康的基础、学习的历程，是幼儿生命的必需元素，是幼儿的基础学习工具，是幼儿生活的中心。幼儿体育的总目标是依据本地 / 本国文化、社会和健康卫生标准设定有活动意义、有课程计划、有教师指导、有学生参与的全身性活动。最终目的是使幼儿在德智体美劳（五育）等方面获得全面和均衡的发展。

（四）区域活动

区域活动又名活动区活动、区角活动或者区域游戏、游戏区活动或兴趣小组。区域活动自 20 世纪 70 年代从美国引进以来，在我国得到迅速发展，关于区域活动的概念，研究者从不同的角度给出了各自的定义。

张博老师对区域活动的定义：活动区活动是教师根据幼儿的兴趣和发展的需要，在幼儿园中为幼儿设置一定的教育环境即活动区，让幼儿通过主动活动来学习，从而促进幼儿身心和谐全面发展。

图 2-3　幼儿在平衡区里活动

黄瑾老师的定义是：区角活动是教师利用游戏特征创设环境，让幼儿以个别或者小组的方式，自主选择、操作、探索、学习，从而在和环境的相互作用中，利用和积累、修正和表达自己的经验与感受，在获得游戏般体验的同时，获得身体、情感、认知及社会性等各方面发展的一种教育组织形式。

王春燕则认为：区域活动是指以幼儿的需要、兴趣为主要依据，考虑幼儿园教育的目标、正在进行中的其他教育活动等因素，划分一些区域，如积木区、表演区、科学区等，在其中投放一些适合的活动材料，制定活动规则，让幼儿自由选择区域，在其中通过与活动材料、同伴等的积极互动，获得个性化的学习与发展。

综合上述幼儿教育专家的意见，可以看出，区域活动涉及多个方面，其一是区域活动的目的，区域活动提出要促进幼儿的发展，尤其是个性化、自主性、主动性的发展，最终达到促进幼儿的全面和谐发展；其二是区域活动的内容，内容是目的的具体方面，区域活动内容强调的是幼儿在区域中自主选择、主动学习和主动生成；其三是区域活动的环境，为了让幼儿能够自主快乐地学习，要考虑到幼儿的需要兴趣来设置不同的区域，如建构区、美工区、语言区等；其四是区域活动的材料，区域活动的材料投放要促进不同的幼儿与材料进行互动，材料投放应该是多样的、多层次且变化着的；其五是区域活动中的教师，教师在区域活动中是环境的创设者，活动的支持者、指导者；其六是区域活动中的幼儿，幼儿是区域活动的主体，幼儿是自主地、自由地进行活动。

（五）户外混龄区域活动

我园是一所以"愉快体育"为特色的幼儿园，为了开展3—6岁幼儿户外活动实践与研究，有意识地选择合适的跨龄幼儿组合在一起共同锻炼、结伴游戏、协作探索，在教师的启发引导下，更多地实现跨龄孩子间的教育互动、交流与合作，使幼儿身体、心理、社会适应性等获得最佳发展。

图2-4 自制滚桶游戏里的乐趣

幼儿户外混龄活动的特点是：

1. 趣味性

幼儿期的活动形式，主要是游戏，游戏情境的创设直接影响了孩子参与的兴趣，而我们的户外混龄健康区域活动都是以游戏化的情境展开的，根据不同年龄阶段的特点设置不同难度梯度的游戏情境。比如，在钻爬区，教师就设计了"虫虫危机"的游戏情境，小朋友们身临其境地钻过不同难度的蜘蛛网。对于大班的小朋友来说，他们的控制能力和钻爬能力都很强，教师就会将蜘蛛网调整到相对很低的位置，以便增加幼儿的兴趣和挑战的欲望；而对于中班的小朋友，教师就会将蜘蛛网调高，以满足中班幼儿的活动特点。

在整个活动中，孩子都是积极主动地参与，他们之所以会反复地钻过连我们成人看来都很枯燥的网，是因为教师创设的游戏化的情景是孩子们感兴趣的，是幼儿跳一跳就可以达到的难度，只有幼儿最感兴趣的游戏才是最好的游戏。在综合一区，教师设置了"小小解放军"的游戏情境，小朋友们钻过地道，绕过敌人的防线，将手榴弹扔向敌人的阵地，再来到能量加油站前补充好能量，继续游戏，在这一系列的游戏情境中，孩子们练习了钻爬、投掷、跑、蹬等基本技能，孩子们在整个活动中都享受着快乐、体验着成功。

2. 自主性

游戏的世界是属于孩子们的世界，在游戏的世界中，幼儿的自主性得到了充分的体现，在活动中，幼儿自主地选择喜欢的活动区。而且，大班的小朋友们每次选择的活动区都有所不同，因为他们每次都想尝试不同的游戏，挑战不同的难度；仅仅有一些中班的小朋友每次都会选择自己班老师所在的活动区，这可能是因为他们对于其他年龄班的老师还不是很熟悉，在经过一段时间适应后，他们也会很快地进入角色，开始有意识地选择自己喜欢的活动区。

在每次的活动中，小朋友们都是按照自己的意愿和同伴、老师共同摆放游戏材料，自主地进行探索，在与同伴一起商量游戏的规则和玩法的过程中，他们所收获的不仅仅是体能上的锻炼，更多的是社会交往能力、与同伴的合作能力的提升。

3. 合作性

大班的孩子在合作能力上已经有了很大的进步，但户外混龄健康区域活动不仅体现在大班小朋友之间的合作，还体现在和中班小朋友们的合作上。中大班小朋友在能力上还存在着很大的差异，所以在游戏过程中，教师会鼓励大班小朋友们多去帮助中班的小朋友。尤其是在门球区，小朋友们的拿球方法和打球的力度直接影响进球的准确性，这对一些中班的小朋友来说是有一定难度的，考虑到这一点，我们每次都鼓励大班的小朋友用"以大带小"的方式和中班的小朋友结成

对，帮助中班的小朋友进行游戏，在几次合作之后，中班小朋友的能力也得到了很大的提高。

除了合作游戏以外，小朋友们还一起合作、收摆游戏材料。比如，在平衡区里有许多大小高矮不同的罐子，需要小朋友和老师共同合作进行摆放，其实，摆放的过程就是一种很有趣的游戏，孩子们可以商量摆法，合作运罐子，在相互的合作中沟通了情感。

图 2-5　在角色游戏里分工与合作

4. 多样性

户外混龄区域活动最大的特点就是多样性。首先，体现在材料的多样性，大多数的玩具材料都是我们身边的废旧材料，经过老师们的精心加工就成了小朋友们进行游戏的材料，既简单又环保。其次是活动区创设的多样性，小朋友们在多个不同的活动区中，锻炼了多方面的身体技能。再次是玩法体现了多样性，为了增加区域活动内容的趣味性和多样性，老师每次在活动前都要仔细思考，设计出

适合不同年龄阶段小朋友们喜欢的游戏情境，让他们挑战不同的难度。

二、户外混龄区域活动的课程价值

（一）区域活动的价值

1. 符合以儿童为本的现代教育理念

《幼儿园教育指导纲要（试行）》（以下简称《纲要》）颁布已将近十五年，尽管《纲要》中儿童为本的教育理念已经深入人心，但在教育实践中，特别是许多以集体活动为主要形式的幼儿园中，尊重幼儿的兴趣、需要和个体差异的行为和做法却难以落实。我们也经常看到幼儿园里小朋友排排坐着上课，异口同声回答问题，排队进出活动室、上洗手间、喝水的场面。而且，许多老师习惯于集体教学的组织模式，很难将理念上的认识转化到具体的教育实践中来。

区域活动作为一种以自选和自主为特征的活动形式，对于教师实践以儿童为本的现代教育理念有很大帮助。因为老师要根据儿童的年龄特点、发展水平、兴趣等来设置区域、投放材料和组织活动，而幼儿在区域活动中可以相对自由、自主地选择和参与活动，教师不会有太多干涉和控制，教师只是作为活动的观察者和引导者，非到必要时不介入孩子的活动，这让孩子充分地享受到自主的乐趣。

2. 回归幼儿教育的本质

处在具体行动思维和初步形象思维阶段的幼儿，活动的方式必须是游戏化和体验式的，活动内容的组织也必须满足活动方式的要求，否则就容易滑入"小学化"的桎梏。区域中丰富多样的材料为幼儿提供了大量操作、体验和游戏的机会，满足幼儿学习和发展的需要。真正让幼儿园的教育回归幼儿教育的本质，让幼儿的学习不再沉重和沉闷，让幼儿度过快乐而有意义的童年。

3. 让幼儿的主体性获得发展

强调幼儿的主体性并不是从现在才开始的，对幼教工作来讲，也不是什么新口号或新观念，但综观幼儿教育现状，我们不得不承认，这还停留在理想的阶段，即使是在条件较好的幼儿园里，我们仍能看到太多老师满足于"我讲你听、我说你记、我问你答"的教育模式，教学活动展示的是教师的精彩，而非幼儿的天性与活泼。教学活动成了

图2-6 自主建构活动

教师的"独角戏"，孩子只是配角。我们常常听到公开课后的老师评价说："今天的孩子太不配合了，没办法，所以活动效果不太好。"而区域活动则凸显幼儿作为活动主体的价值，因为区域强调的是幼儿自主、自选的活动，选择区域、选择同伴、选择活动的方式。在活动中幼儿多以"主角"的姿态出现，不仅有利于其知识经验的建构和社会性的发展，更重要的是有利于其主体性的发展。

4. 保护幼儿的创造性

在自主性较强的操作和游戏活动中，孩子们的身心享受到充分的自由，而这种自如的环境氛围与幼儿自由表现和创造力是密切相关的。中国传统教育中最大的问题是给予儿童的尊重和自由不够，所以，中国儿童会表现出更多的被动和循规蹈矩，思维不够活跃而缺乏创意。这是我们的教育太过于强调整齐划一的结果。在区域活动中，丰富的材料和适宜的情景往往能唤起幼儿参与活动的兴趣。放手让孩子自由交往和操作，让幼儿有更多的机会遭遇真实的生活问题和认知冲突，有助于幼儿提高自我学习的能力，提高发现问题、解决问题的能力以及交往和认知能力，当然更有助于幼儿创造性的自主表现。

（二）混龄活动的价值

1. 对幼儿发展的作用

（1）为幼儿搭建异龄同伴互动交往的桥梁。混龄教育源于幼儿教育家蒙台梭利，她认为不同年龄的幼儿之间的交往可以扩大彼此的交往空间，掌握交往的技能，正确把握交往态度，形成良好的亲社会性行为，有助于幼儿健康个性的形成。"完善的个体发展离不开同龄伙伴和异龄伙伴的交往，他们各自获得的益处是不同的。没有与年长者的交往，将减少知识经验和技能的学习机会；没有与年

图2-7　自由结伴活动

幼者的交往，使社会责任心、自主感和组织能力等方面提升难以实现；没有与同龄者的交往，对事物共同的体验就失去了比较的机会和协商合作的可能。"[1]在现实生活中，同龄交往和不同龄交往对儿童的成长是缺一不可的。著名教育家马卡连柯曾说："独生子女没有兄弟姐妹，因而没有相互体贴、照顾的经历，没有互爱互助，相互模仿，共同努力的经历，这不利于

[1] 华爱华.幼儿游戏理论［M］.上海：上海教育出版社，2000：203.

发展儿童的集体意识，而会导致儿童个人主义的蔓延。"而户外混龄区域活动恰恰为孩子提供了社会交往的一个大舞台，为幼儿提供与异龄伙伴交往的机会，在混龄群体交往中，幼儿的年龄参差不齐，彼此间如兄弟姐妹一般。这种如家庭式的组织方式可以弥补独生子女的不足之处，使他们能更好地适应社会。通过不同年龄同伴的相互交往与接触，共同活动与生活，学习与他人交往的正确态度和技能，克服"自我为中心"，培养良好的社会行为方式，即让幼儿在互爱互助中受益，又能提高孩子的社会交往能力。

（2）有利于培养幼儿的责任感。在未来的社会中，只有能与人合作的人，才能获得生存空间；只有善于合作的人，才能赢得发展，合作是幼儿健康心理的一种表现。在混龄游戏中，同伴之间的差异成为他们合作与学习的前提条件，这种差异有利于培养儿童在责任、分享、帮助等方面的亲社会行为，增强年长幼儿的社会责任感和自制力，提高年幼幼儿的活动参与度与社会适应性。给孩子们必要的机会与鼓励，让孩子跨越年龄的界限结交朋友，不但可以扩展他们的社会生活世界，而且还可以提高他们的责任感。在活动过程中，让孩子在交往中学会合作，并让孩子之间的交往合作成为一种很好的教育资源。

（3）有利于培养孩子的社会能力。比如，为了锻炼幼儿的胆量，同时也为了练习走平衡及从高处往下跳的技能，让幼儿从"平衡桥"上走过，并轻轻地跳下。但总是有少数幼儿任凭老师怎样鼓励，依然战战兢兢，就是不敢跳。望着大班孩子矫健的身影，老师灵机一动，为何不请大班孩子一对一地来带领中班孩子走"平衡桥"呢？结果大班孩子欣然应允，"小老师"做得比我们大老师还要像。再看中班的孩子，在大班哥哥姐姐的榜样示范指导下，一场早锻炼下来，走得像样多了。在以后的混龄体育活动中，大班的孩子会主动来找中班的弟弟妹妹，履行其责任心与爱心。而中班的弟弟妹妹也在大班的哥哥姐姐带领下，活动的兴趣与技能得到了发展。由此，在户外混龄区域运动中以幼儿自由结伴、孩子教孩子的方式，让幼儿充分体验了运动的乐趣，有效地促进了幼儿身心的和谐发展。

（4）有利于幼儿规则意识的培养。为了让孩子自觉遵守规则，养成良好的活动习惯，老师和孩子们一起商量，共同制作富有儿童情趣、孩子一看能懂的"图夹文"标识明显的活动提示牌，让幼儿明白本区域的游戏有些什么内容，该怎么玩。教师在活动前也

图 2-8 参加社区公益宣传演出

非常清楚地交代了本次活动的任务和注意的事项，加上各种辅助材料以及丰富的场景，使幼儿都能以积极的状态加入到每一个游戏活动中，幼儿任务意识明确，自主性得以充分体现和展示。中班用橡皮筋的数量来检验孩子的活动情况，大班则用"脸上涂油彩"等方式进行检验，既渲染了幼儿野战军训练的气氛，更激发了幼儿游戏活动的兴趣。

2. 对教师发展的意义

（1）有利于提高教师理论水平和研讨交流能力。通过不同途径的资料收集、不同形式的理论学习，教师们对各年龄阶段幼儿的动作发展特点、内容有了进一步的了解与掌握，并且能把掌握的理论知识与实际相结合，真正为幼儿的运动能力发展发挥重要的作用，对教师们的业务水平也是一个大的提高。教师通过刻苦钻研，集思广益，共同切磋，反复探讨，不断学习、思考、实践，把体育理论运用于体育实践之中，锤炼科研技能，为体育教学改革，教学技能的提高起到了积极的推动作用。

（2）提高教师创新、设计、制作能力。在区域活动中，教师结合本班幼儿的年龄特点来设计，选择环保的物品为制作材料，将器械的功能最大限度地发挥与利用，一物多用。教师的创新能力与动手能力将得到很好的锻炼和提高，并能以体育小器械的安全性、层次性、创造性、实用性为基础进行创新与制作，一切都从幼儿出发，以幼儿为主体。

（3）提高教师对户外区域运动环境创设能力。

● 科学合理设置区域，充分利用现有资源，注重动作发展的均衡

各年级组充分利用了幼儿园现有的运动器械与设施，如小车、圈、轮胎、竹梯、平衡桥、大型玩具、攀爬架等，巧妙地结合运动游戏内容，发展幼儿的各种基本动作，对活动的场地也进行了合理的划分，使有限的场地得到了较为充分的利用。本着发展幼儿走、跑、跳、爬、投掷、钻等各种基本动作为目标，设置了钻爬区、跳跃区、平衡区、攀爬区、走跑区、投掷区等，充分利用现有场地资源，积极开发各类运动项目。

● 区域创设情境性强，体现幼儿年龄特点，充分调动幼儿运动的积极性

投掷区利用动画人物灰太狼、红太狼等吸引幼儿兴趣，有的还利用动物不倒翁进行情景的创设，让幼儿练习投掷，极大地吸引了孩子的关注；很多网、太阳伞等材料上还安装了铃

图2-9 大榕树上的童话

铠等装饰，除美观外，还起到了提醒幼儿是否犯规的作用。大班则创设了"野战军训练营"的主题，通过红旗、五角星、军帽等烘托出浓浓的"军营"气息，孩子们在"铁丝网"下匍匐前进、在易拉罐和奶粉罐做的"梅花桩"上行进、在"战壕"里与坦克对垒，一个个玩得不亦乐乎。

● 活动能与其他领域知识有机结合，相互渗透

体育活动的重心已从机械和单纯训练幼儿的基本动作转向使幼儿喜欢并积极参加体育活动，因此，活动内容的设计非常关键。本次活动中，大班组结合主题活动"我是中国人"展开设计，产生了"保卫钓鱼岛"的活动内容。活动以攀爬为主要发展动作，考虑到了大班幼儿的年龄特点，教师投放了很多任务卡，让幼儿根据任务卡的内容进行运动，在不同标记的绳梯、竹竿上攀爬，体现了不同层次设计的同时也体现出了幼儿的自主性，最后孩子们登上了"钓鱼岛"（攀爬架），把一颗颗五角星贴在了"岛"上，培养了幼儿的爱国情感和作为一个中国人的自豪感！

图2-10　开进幼儿园的消防车

除了结合主题，教师们还注重对孩子的安全教育。中班创设的"消防中队"的内容，也充分利用了攀爬架，在攀爬架上面放了很多当作是着火点的"火"以及动物图片，在灭火和救小动物的游戏中，设置了不同的路径来增加游戏的难度：能力强的孩子可以从竹梯上去再从竹竿滑下，还可以从一个竹梯爬到另一个竹梯上去等；而能力弱的孩子可以原路返回。他们各自沉浸在自己的角色里爬上爬下，最后把小动物全都营救了出来。教师们把发展幼儿基本动作的设计意图融进了游戏里，孩子们在不知不觉中，在快乐的游戏中发展了走、跑、跳、钻、爬等基本动作。

（4）教师观察、分析、解决问题的能力得到提高。之前，教师们一直很困惑，不知道要观察些什么，怎么观察。教师们将通过这次的课题研究学会观察，学着去解读幼儿行为，剖析原因。比如小部分幼儿的乱跑乱串现象，为什么会有孩子游离在运动活动之外？怎样才能让每个孩子都能积极主动地到区域中游戏？是游戏缺乏吸引力，还是孩子们不知道怎么玩？教师们学会了自问，从而找到了混龄区域运动中出现的问题，继而有了思维的碰撞，从不同角度出发考虑解决的办法。教师们的思维产生了微妙的变化，能开始站在幼儿的角度想问题，找到适合幼儿的既简单又可行的方法。

第二节　户外混龄区域活动的组织与指导

一、户外混龄活动的形式

长期以来，幼儿园的户外体育活动，都是以同年龄、同一班级开展的。活动中伙伴单一，形式呆板，活动范围狭小，这就造成师幼之间、幼儿之间大范围互动不够、幼儿对活动兴趣持续不久的现象，从而影响到锻炼的效果，达不到活动的目的。为此我们以混龄教育为理论支撑，尝试开展了混龄区域活动。

户外混龄区域活动是幼儿园体育活动的一种特殊的组织形式，是对幼儿园基本的体育活动形式的一种补充。强调将单纯、机械的训练幼儿的基本动作转向使幼儿喜欢并积极参加体育活动。

（一）开发活动场地，合理创设区域，积极创设适宜、丰富、多样的活动环境

我们首先为幼儿创设了不同质地的户外活动场地：塑胶软化地面、人工草坪、砖地、风雨天户外活动场地等，对全园的活动场地进行了全面的规划。继而充分挖掘各种场地的优势，最大限度地发挥活动器械的功效：以基本动作作为划分区域的标准，分别创设了钻爬区、跑区、跳区、平衡区、投掷区；根据幼儿使用运动器械的特点，创设了车类区和球类区。在设置

图2-11　在游戏中发展动作能力

区域时我们考虑到活动性质的合理搭配，既有活动量大的，也有活动量小的；既有发展幼儿基本动作的，又有锻炼幼儿综合身体素质的。

（二）合理投放材料，物化活动目标

在活动区内投放数量充足、种类多样的活动材料。如跳区，投放了羊角球、跳跳球、跳绳、悬吊的棉质玩具（纵跳触物）；车区投放了扭扭车、高矮不同的小三轮车等，以保证每个幼儿都有材料活动。由于是混龄活动，幼儿的年龄差

异、个体差异凸显其中，为此，我们在各个活动区创设了适合不同水平幼儿的游戏情境和活动材料。如平衡区，在入口处有三条小路可以通向前方，即高矮、宽窄各不相同的平衡木。在通往下一个目标的道路则是由高矮不同的梅花桩和轮胎铺就。幼儿可根据自己的兴趣和实际能力选择不同的材料，从而满足不同幼儿的需求，有助于幼儿在不同水平上均得到发展。

混龄体育活动不同于日常的集体游戏，只有最大限度地将活动的规则和目标物化在材料中才能保证活动的顺利进行。我们在区域的创设中设置不同的标记、符号给幼儿以引领与提示。如车类区：画上"车道"、"人行横道线"、"停车场"等，幼儿便可在游戏中"各行其道"地按规则游戏，无需教师过多的语言提示。

（三）定期定时开展，建立常态机制

每周定时开放两次活动区，用不同颜色的手腕花作为区域标志，以控制各区域活动人数，从而保证幼儿活动的空间与密度。不同年龄班的幼儿佩戴不同颜色的丝带参加混龄活动。教师固定区域进行指导，通过不同颜色的丝带分辨幼儿的年龄段，以便有针对性地指导，并定期进行区域轮换。全园幼儿听音乐统一进入活动区，活动中每一次听音乐统一换区，以保证幼儿活动内容的相对稳定和及时调整。

（四）运用多样化的方式，激发幼儿活动的兴趣，培养各种能力

1. 自由选择与轮换，激发活动的兴趣

根据3—6岁幼儿各种动作发展的水平，让他们自由选择，彼此联系，产生交互需要。教师担任某一区域活动的指导者，混龄幼儿则依据自己的意愿、兴趣选择伙伴，选择区域参加锻炼。为力求活动内容丰富，形式多样，激发幼儿的活动兴趣，我们还采取轮换的方式，保证幼儿有更多的机会参与其他区域的活动，以促使幼儿基本动作获得全面发展。

图2-12　互相帮助，解决游戏里的问题

2. 以大带小活动方式，培养幼儿的责任心与爱心

户外混龄区域活动中，年龄小的幼儿往往持续性差，目的性不强，操作水平低。而我园采用以大带小、借助音乐手段等多种手法组织的区域活动，就能很好地调动和激发他们与大龄伙伴共同参与活动的兴趣，满足了幼儿与不同年龄同伴交往的需要，有利于培养幼儿的运动能力，更养成了幼儿的责任心与爱心。

3. 以强带弱的游戏方式，培养幼儿合作与创新意识

我们给幼儿提供不同形状、重量、大小，不同玩法的材料，鼓励幼儿间的协作与沟通，让他们一起探索器具的玩法，共同协商游戏的情节、角色与规则，并在协商的过程中提醒和引导幼儿采用"以强带弱"的方法，即让小龄幼儿观看大龄幼儿玩游戏，激发他们与同伴共同游戏的兴趣。

二、户外混龄区域活动的指导原则与策略

需要明确的是，户外混龄区域活动的目的是放开幼儿的手脚，而不是放弃教师的指导。活动计划的制定是实现科学指导的切入点。它能增强教师指导的目的意识，规范教师的教育行为。教师依据各活动区的教育功能以及各年龄段幼儿的特点，制定相应的指导重点与策略。

（一）指导的原则

"教师应成为幼儿学习活动的支持者、合作者和引导者。"[1]在户外活动中，良好的师幼互动是非常重要的，教师作用的积极发挥同样举足轻重。教师指导是教师有意识有目的地对教育对象产生有指导意义的言行举止。幼儿户外活动的指导策略可以分为三个层次：语言层次、物化层次和互动层次。在实际作用中，三者是紧密联系的，即教师对幼儿户外活动进行口头语言的讲解、具体动作的示范、言语体态的提示等指导和帮助，让幼儿户外活动水平不断提升，活动内容也更加丰富，并收到更大的教育效果。

活动前教师应对幼儿想做什么、有可能怎样做有心理准备；在活动中以观察为前提，采用有效的指导策略给幼儿以适时的引导与帮助。幼儿活动前，教师应组织幼儿做好身体各关节的准备活动，活动后应有放松环节，以保护他们的身体健康。

1. 教师的指导要适时

在幼儿进行户外活动过程中，教师在恰当时间对幼儿及时指导，也就是在户外活动中教师要掌握好合适的指导时间，对幼儿活动经验以及活动兴趣都有一定的帮助。在活动时，教师作为孩子们的参谋长，在孩子们需要时才提供帮助；也有教师提到，在指导幼儿户外活动时，通过细致地观察幼儿，倾听他们的对话，把握好指导的时机，才能使师幼互动行为发挥出真正的效果。

---

[1] 教育部基础教育司.幼儿园教育指导纲要（试行）.2001.

2. 教师的指导要适度

教师对幼儿的户外活动既不能采取"放羊式"的态度，又不能过分干涉，让幼儿形成被动、依赖的心理。幼儿园户外活动是幼儿的一种自主活动，教师应该注重培养幼儿主动学习的能力，并且给予孩子充分的信任，让幼儿能够主动积极地进行活动。例如：当幼儿在活动时遇到某些问题，老师经过观察后，看是否要及时帮助幼儿，或者是让幼儿先通过自身努力想办法，鼓励和启发幼儿自行努力解决。若无原则地过多支持和干预，只会助长幼儿被动依赖心理，抑制其独立自主能力的发展。

3. 教师的指导要适当

幼儿的探索学习需要得到教师的支持、帮助，但并不意味着教师可以不分情况地随意提供帮助，而要依据具体的情境来采取相应的指导策略。在户外活动中，教师不能硬性地要求幼儿按照自己预设的思路去活动，让幼儿被动地接受，从而失去自主性。在平时的观察中要多了解孩子们的兴趣，做出恰当的反应和提供适当的帮助。因此，教师要根据活动的需要及时做好各种角色的转换。

（1）作为户外活动的参与者：要想让户外活动真正有效，教师并不只是活动的创设者和纪律的维护者，还必须及时地参与其中，与幼儿进行互动。

（2）作为户外活动的观察者与记录者：在户外活动中，教师应处在观察者和记录者的角色上，关注幼儿的情绪行为，幼儿间的互动，幼儿遇到了什么问题，并对幼儿出现的问题进行适时的指导。

（3）作为户外活动的评价者和反思者：户外活动开展是否有效，还存在什么问题，以及今后如何改进，这些问题都要通过教师的评价和反思来解决。

（二）指导策略

1. 创设游戏情境激发幼儿兴趣

如：钻爬区的"打猎"、"炸敌堡"、"小刺猬摘果子"；跳区的"青蛙跳"；平衡区的"小扁担"；投掷区的"小小投球手"等一系列游戏情境，大大激发了幼儿参与活动的积极性。

2. 提供支持性的材料

如：有的幼儿平衡能力较强，单独走过"高桩"对他来讲难度相对较小，于是"双人小汽车"、"小扁担"、"小油桶"等材料的加入为他的活动增

图 2-13　基本动作练习

加了难度与挑战。

3. 教师、同伴的示范

幼儿园体育的任务是发展幼儿的走跑跳爬蹲钻等技能，而幼儿这些技能的习得方法之一就是通过观察他人的讲解示范并且逐步内化为自己的能力。动作示范直观易懂，能够引起幼儿积极参与的兴趣。

4. 教师的语言指导

在幼儿尝试的过程中，肯定会碰到这样那样的问题，这将在一定程度上影响他们的积极性，降低自信心。教师实施的指导和帮助对幼儿来说是相当必要的。

5. 教师肢体语言的支持

如：有的幼儿想跳高箱，但又缺乏勇气，站在上面迟迟不肯向下跳，教师伸出一只手、给幼儿一个鼓励的眼神，便大大增加了他的信心。

第三节　户外混龄区域活动的环境创设

一、幼儿园课程文化传统的传承与理念创新

我园户外混龄区域活动课程形式的形成源自以体为先的幼教理念的坚持与岁月的积淀。"愉快体育"课程伴随着幼儿园文化建设与办园理念内涵的不断丰富而进一步完善，也渐渐成为园本愉快课程体系的核心部分。

（一）办园理念的确立和引领

《纲要》指出幼儿园教育需帮助孩子们度过快乐而有意义的童年。我园坚持以"自然·爱·悦·梦想"为办园理念，以"培养健康、快乐、创新的孩子"

图2-14　结合环境创设自然活动空间

图2-15　区域划分有明确目标

为办园目标，充分体现出全园教师对"尊重幼儿发展规律，回归生命教育"的执着追求。我们认为，"快乐而有意义的童年"最好的写照就是让孩子在自然环境中成长，学会感受爱和表达爱，以愉悦的心情享受童年，以自信和宽容的态度悦纳自己、悦纳他人，拥有绚烂的梦想，成为身心健康、快乐和具备创新精神的孩子。

"自然"是孩子一种原初的生活状态和精神状态，它是生命的来源，生命依照其法则从自然中孕育，在自然中生长，并最终回归于自然。因此，"自然"是教育的起点，教育的过程，也是教育的落脚点。只有经过大自然的润泽，儿童才能完好地保有其真善美的天性并最终成长为一个有着朝气和灵性的生命体。

"爱"是一切教育的基础。尽管孩子们表达出的爱是简单的、质朴的，但是，孩子们爱的情感是世界上最纯洁美好、最真挚感人的，爱的种子由此生根、发芽、生长。而成人对孩子的爱不是管束、不是唠叨，是给予孩子心灵的空间与自由，让孩子自然的天性得到无限的扩张。

"悦"是一种积极的处世态度，是以宽容、接纳、豁达、愉悦的心态去看待周围的世界。喜悦是孩子与生俱来的情感，在自然中观察、操作、体验、感受和领悟，是直达心灵深处的满足。孩子从喜悦中获得对自我的认同、自我的欣赏和肯定，从而推己及人，悦纳同伴、接纳周围的环境和人。

"梦想"让儿童的生命存在不仅仅是物质的，还上升到精神和灵魂的层面。教育的基本任务是使每个幼儿能在一个有准备的环境中得到自我发展的自由，在自由中天马行空，在自由中任意想象，在自由中更接近真、善、美的自然情怀。

（二）独特环境文化的支撑

"老师牵手快乐娃娃，幼儿园是你我他最可爱的家……"园歌《快乐家园》徐徐响起，萦绕在每位师生耳边，真实地表达着师生对佛山市机关幼儿园这个可爱的"家"的热爱和美好愿景。多种元素组成的具有简洁现代风格的园徽标志也

图 2-16 空间场室渗透理念和文化

图 2-17 课室角落营造家的氛围

清晰地传达了佛山市机关幼儿园的办园理念，阐述了师生、家长对幼儿园的情感诉求和幼儿园的品牌形象特点，给人留下深刻印象，形成了佛山市机关幼儿园独有的视觉形象系统。作为一所具有六十年历史积淀的幼儿园，经过多年的探索，我们一直坚持从"家"文化出发，一丝不苟地实践着我园的办园理念，形成以"自然·爱·悦·梦想"为核心的文化氛围，体现自然、优美，适合孩子成长的物质环境和体现自由、关爱、和谐的精神环境，并形成了独有的品牌形象和"家"文化。

在外围环境的呈现上，我们注重从场室布置、文化视窗、标识标牌等细微的地方凸显我园的办园理念和文化价值取向，优化育人环境，将自然环境与人文环境相结合，让每一面墙壁都说话，让每一件物品都具有教育意义，让每一角落都服务幼儿，发挥了环境的隐形教育功能，随处可见教育的用心、随处可感受自然教育的真谛。如：有意识地突出绿色自然环境的创设，户外设有"幼耕园"、"探索园"、"植物世界"、"钓鱼小岛"等，既创设了一个淡雅清幽的自然环境，也给予了幼儿自由发现、探索的机会；自制环保的大型玩具散落放置在户外场地供幼儿自由锻炼和游戏；新教学楼每个课室都增建了阁楼作为孩子活动的天地，不仅有了家的感觉，空间感和立体感的变化也让环境变得生动、活泼起来，迎合了孩子好动、爱探索的天性。幼儿园对一些梯间、墙面也做了全面细致的安排，有反映现代阅读文化的休闲阅读区、反映自然之美的仙人掌沙堆、促进亲子互动的茶趣园、爸爸工作室、妈妈工作区等；我们还把幼儿园定位为"感受美、欣赏美"，在楼梯转角等地方陈列了孩子的美术手工作品，将家长孩子们亲手制作的泥坯图案烧制砌成"梦想墙"，张扬孩子的个性；还将废旧物品巧妙制作，装饰于每一处。真正贯彻让每一面墙、每一滴水都深情地诉说着幼儿园"自然·爱·悦·梦想"的理念，并引导孩子朝着健康、快乐、创新的目标成长。

（三）"愉快体育"课程的实践与创新

1. 愉快体育的实践

在"自然"理念的引领下，我园结合园本体育特色课程，在自然体育的基础上创新提出"愉快体育"，进一步深化自然体育的内涵，努力为幼儿享有快乐健康的童年创设优良环境、创新有效的教育方法。

在教育领域，"快乐教育"、"愉快教育"、"赏识教育"是许多人培养未来成功人士的理想和追求。愉快作为一种理念（不是口号）是针对当今的教育现状所提出的具有时代意义的教育理想。愉快与快乐同义，是指人的一种基本情绪和行为表现。愉快的体验首先源于对需要的满足，若需要得到满足，则会产生快乐和愉悦；需要不能满足，则会表现为痛苦。愉快即是人在需要得到满足之后所表现

图2-18 有组织的早操培养幼儿的协同性

图2-19 自主空间激发幼儿的主动性

出来的心理和行为方面积极的情绪体验，包括生理需要和心理需要。"愉快"显示的是教育参与者的心理和行为状态。作为教育参与者的教师与学生具有最基本的情绪和情感方面的需求。教育应使师生在教育教学过程中获得积极、愉悦的情绪与情感体验。

人的快乐有"感觉的快乐"与"理智的快乐"之分，儿童从体育得到了快乐，同样也有"感官快乐"和"感受快乐"之别。感官的快乐是低层次的快乐，它只是一种情绪的释放，而理智的快乐是一种高层次的快乐，它是情感的理性升华。这种情感升华的快乐，只有在儿童经历运动困难、艰苦、伤痛的磨难后，在目标、意志、信心、坚强等积极的心理品质的形成后才能得以实现。

体育中的快乐体验虽然经常伴随着挫折、失败、疲劳、伤痛，但与此相伴而生的能力感、自信心和意志力等优良心理品质将对儿童今后人生带来持续积极影响。

愉快体育不仅包括身体上的，也包括精神上的愉悦。体育需要愉快，但愉快绝不是体育的最终目的，追求愉悦不是放弃体能与素质，也不是与过去的幼儿体育决裂，而是将愉快的精神和理念贯穿到体育教育活动中去，最终的目的是促进幼儿身体、精神、心理的全面发展，让幼儿体验到身体、动作发展所带来的满足与快乐。

2. 愉快体育的探索

如何在每天一小时户外不同形式的体育活动中使幼儿都能够在锻炼身体的同时得到愉快的体验，真正实现愉快体育的理想？我园此方面的研究源头可以追溯到1954年（建园之初）。从20世纪50年代开始，我园就开始注重体育教育，体育教育是我园的一个传统优势，"三浴"锻炼、精武文化等幼儿体育传统活动历久弥新，不断坚持、不断创新。我园的历任园长都一直致力于构建以幼儿体育促进幼儿全面发展的教学模式。在长达六十年的发展历程中，体育一直是我园的

图2-20　发挥器材的多种功能

图2-21　阳光浴活动

"传统课程"，一届届从佛山市机关幼儿园毕业的孩子，获得了身体素质的发展，养成了良好的运动和锻炼习惯。

（1）"愉快体育"课程雏形阶段（2001年—2006年）。

这一阶段，在《纲要》的引领下，我园开始更新教育观念，全面梳理我园幼儿体育活动的经验，结合新课程改革以儿童为主体的理念，酝酿和实践"愉快体育"的思路。在全面审视我园幼儿体育活动的基础上，结合孩子的年龄特点，将教学与游戏相结合，学习与娱乐相结合，杜绝单向、枯燥、死板的教学活动形式，逐步探索以幼儿为中心的游戏化体育活动，坚持传承传统体育文化，开展精武活动和"三浴"锻炼，将体育打造成为我园教学优势项目。在这一阶段，教与学的积极性得到了充分的发挥，教师和孩子一起结合佛山的地域文化，自创出许多形式新颖、生动活泼的体育活动形式，比如传统武术教学、舞龙狮、体操活动等。此阶段，我园申报的佛山市十五规划课题"同伴对话的实践研究"取得显著成果，实践研究在教学实践中得到推广和运用。在强调师生平等对话的情景中，我园的混龄区域体育活动也初具规模，为幼儿园深化体育特色奠定了良好的基础。

（2）"愉快体育"课程发展阶段（2007年—2012年）。

2006年，随着全国幼儿园课程改革的不断深入，我园的"愉快体育"指导理念也日渐清晰，并积累了一定的开展愉快体育的实践经验。在此基础上，我园成功申报了佛山市科技局"佛山市科技发展专项资金项目"，获得专项资金支持，逐步建构起愉快体育课程的目标、内容、途径和评价体系。通过实践性研究的途径，探索具有本园特色的"愉快体育"课程，使"愉快体育"扎根于佛山市机关幼儿园，成为五大领域课程的核心和基础。

此阶段，为了使课程理念落实到教学实践活动中，大力提升教师的专业能力成为课程开发的关键。以骨干教师和青年教师组合而成的学科组逐渐成为课程开

图2-22　开发地方文化课程

图2-23　出版研究成果

发团队的核心。教师主动上课、研课的积极性被充分调动起来，有一技之长的武术教练、龙狮会的师傅成了我园体育课程开发的成员之一。多样的器械在活动中激发了幼儿的兴趣，全方位锻炼幼儿体能。教师们还善于变废为宝，自制体育器械，创编不少有趣的体育游戏。教师小组或个人承担的子课题、小课题研究蓬勃发展起来。

早在2004年，我园就作为广东省素质教育实验园，参加了由广东省教育厅教研室组织的素质教育课程的研究，编写幼儿素质教育操作材料系列——《游戏·娱乐·运动》（大、中、小班上下册）幼儿操作用书和教师指导用书，2006年改版后由高等教育出版社出版发行，并在广东省推广。2008年，由广东省老教师协会幼儿教材编写委员会组织，我园主要负责的"幼儿成长课程"健康领域的编写工作顺利完成，幼儿用书和教师用书（大、中、小班上下册）由广东省科技出版社和广东省海燕电子音像出版社成功出版；2010年完成全部的编写工作，并在广东省汕头市得到推广运用。2012年，我园以体育为核心内容的研究项目"运用'愉快体育'促进幼儿身心和谐发展"荣获广东省中小学教育创新成果二等奖，成为此奖项开设二十年来为数不多获奖的幼儿园之一。

在这一阶段的实践中，我园的体育教学已经具备成熟的模式，一日生活中的体育活动由"大、小体育"组成，逐步走向生活化。愉快体育也成为佛山市机关幼儿园的一张亮丽名片，许多领导和同行慕名前来观摩考察。

（3）"愉快体育"课程推广阶段（2013年至今）。

"愉快体育"课程实施多年，有着值得保留和推广的理念和经验。"一花独放不是春，百花齐放春满园"。2013年4月初，我园顺利承办了禅城区幼儿园教育科研优秀成果展示交流会并分享交流"运用'愉快体育'促进幼儿身心和谐发展"的创新研究成果，积极向社会推广介绍了我园"愉快体育"的课程模式。期间接待省市区同行多次观摩学习。2012年末，国家教育部门颁发了《3—6岁儿童学习与发展指南》（以下简称《指南》），该指南充分遵循孩子发展的规律，提出了符合时代要求的科学育儿理念。在学习《指南》的过程中，我园"愉快体育"课程不断汲取理念的精华，创新体育活动，深入研究"愉快体育"的园本课程，促进科学教育和优质办园。

这一阶段里，科学办园的思想将更加立体地支撑起园本课程建设的思路，我园在继续完善愉快体育课程模式的基础上将科学体育的思想贯穿始终。关注幼儿身体发育、身体素质和心理品质的全面发展。成功申报并开展广东省教育科学十二五规划课题强师工程项目"构建愉快园本课程，促进幼儿身心和谐发展"，全面梳理愉快课程经验，探索幼儿愉快发展的园本课程模式。在前期的实践中，结合"自然·爱·悦·梦想"的办园理念，我们将园区规划为五个大区块——运动园、创意园、自然园、玩悦园和故事园（见图2-24），开设了十九个体育活

图2-24　方案平面索引图

动区块。而且，通过后勤部门与教育部门的配合，依照"节约、绿色、安全"的原则，研发和自制了一批功能多样、层次分明、可组合变化的小、中、大型环保运动器械，激发了幼儿参加体育活动的兴趣，最大限度地支持和满足了幼儿通过直接感知、实际操作和亲身体验获取经验的需要。

此外，我园将在继续坚持开展自然体育理念的指导下，为增强幼儿的体质，"三浴"锻炼在家长自愿和幼儿体质允许的情况下，鼓励秋冬季节逐步开展空气浴锻炼。而且为促进"三浴"锻炼等体育活动科学有效开展，自行开发幼儿体质监测管理系统，全面地将教育教学和保育保健中分散的幼儿体质测查数据进行系统的统计与分析。

"愉快体育"研究深度不断拓展，特色逐渐形成，并成为同行学习的资源，价值得到了体现，在今后的研究中，"愉快体育"将继续加强对各年龄段体育活动的研究，探索研究性开发和使用教材的经验，形成更完整的课程系统。

3. 愉快体育的创新

"愉快体育"是让幼儿在自由的空间内遵循自己的身心发展规律和特点自然地成长，教师和家长作为推动者和引导者，给予幼儿"自然教育"，让幼儿享受体育活动的乐趣，从而全面均衡地培养幼儿的综合素质。它区别于"放羊式"体育的放任自流，区别于小学化体育的被动接受，也区别于训练化体育的单一性和强硬性，它强调的是以幼儿为中心，注重幼儿的主动参与、相互合作，追求"玩中学"的境界，激发和培养幼儿的体育兴趣，并在体育活动中发展幼儿的合作精神、集体意识以及交往能力，培养幼儿不怕挫折、勇于竞争、敢于创新的良好品质，形成幼儿终身参加体育锻炼的志向和习惯。

第一，"愉快体育"首先与我园办园理念"自然·爱·悦·梦想"相辅相成，是在践行我园的核心价值。体育活动中，孩子也许会缺乏自信和勇气而不敢

图2-25 平等、自然的师生关系

图2-26 亲密、合作的同伴关系

尝试去做、去玩，我们的教师常常做的是给予孩子一个拥抱、一声鼓励，让孩子在爱中成长。我们还特别注重对孩子心灵的呵护，让孩子能够悦纳自己、悦纳他人，不会因为自己过分的情绪或者行为而伤害到他人，给予幼儿一个安全的自我空间，让幼儿学会控制自己的情绪和行为。如在区域活动中，面对不同年龄的同伴，幼儿能够在开放的空间自由地进行同伴交往，不拘束，不胆怯，提升自己的社会性交往能力，在交往的过程中学会安慰他人，悦纳他人。

第二，"愉快体育"形成了"大体育式"的指导思想。我园让幼儿走进生活，走入社会，在游戏中学习，让幼儿的体育课程在愉悦的氛围里融合各领域的知识，在过程中享受"玩与学"，实现"大体育"的全园化、游戏化、生活化、社会化、渗透化等，形成了"大体育式"的"愉快体育"指导思想。教师的教学方式逐渐发生了转变，教师们积极把办园理念和"大体育"的思想渗透于每一领域的学科教学和日常生活中，实现了生活的体验学习，教学内容结合了其他领域的内容，形成教师乐教、幼儿乐学，师幼共同成长。"大体育"课堂也走进了社会的大课堂，如小小志愿者参与公益性活动，参与社区文明创建活动等，让幼儿感受社会文化。

第三，"愉快体育"基于幼儿身心发展的需求，创新多种形式的体育活动。融合混龄教育，开展户外区域混龄体育活动，实现体育活动的开放性和自主性，尊重每一个幼儿的个性发展，给予混龄幼儿更多的"自由"——自选区域、自由结伴、自主活动，加强了混龄活动中幼儿之间的交往，实现"以玩交友"。为增强幼儿的体质，提高幼儿的抵抗能力，科学开展适应"季节性"而变的"三浴"锻炼。我园在每天的常规体育运动锻炼中采取有效措施，利用循环式晨练、模仿性和趣味性很强的幼儿早操、"在情景中游戏，在游戏中锻炼"的体育教学活动激发幼儿对户外体育活动的兴趣。亲子运动、幼儿体育擂台赛、武术操、阳光小军营等都融入"愉快体育"的课程构建之中。

二、保持现状与现实改造

在先进理念和《指南》的引领下，我们摒弃以往对户外环境的设计，对户外活动环境的创设有了新的思考。笔者所在幼儿园结合本园实际条件，开展了这方面的研究和实践。

（一）给孩子打造绿色的户外运动环境

幼儿阶段是儿童身体发育和机能发展极为迅速的时期，创设"绿色"的运动环境才能引发幼儿主动进行体育锻炼和培养对体育运动的兴趣。何为"绿色"的运动环境？它不在乎运动场地的大小，而是善用每一处环境让幼儿进行户外活动；不是让孩子"疯狂"地去运动，而是让孩子在保护自己、保护他人的安全意识中愉快运动。

第一，建设"体育绿道"。瑞吉欧的教育理念主张，环境是教育的一个组成部分，环境应该具有教育的内涵，而且强调学校里没有一处是无用的环境。大操场周边墙角下和树底下的空间往往是我们容易忽略的运动场地，为了使幼儿身体各种能力得到较好的锻炼和发展，我们充分利用墙角和树下场地，扩大孩子的运动空间，在墙角放置了各类幼儿可以自由取放的自制运动器械，如滚筒推拉车、废旧轮胎等。在树底下打造"体育绿道"，放置自制的具有环保性和独具创新性的大型组合式体育器械。

图2-27　树荫下的软地跑、跳运动区

"体育绿道"的环保性体现在所用材料是木头、麻绳、轮胎等原材料，安全无毒。游戏器械是孩子喜欢的，其中一些富有刺激性和挑战力的游戏

图2-28　融入自然环境的木制攀爬架

器械对儿童则具有更大的吸引力，我们应为幼儿提供多种选择性的体育器械，但市场上购置的大型体育器械并不能完全满足孩子动作发展的需求，而我们自制的大型体育器械则避免了这一问题的出现，其创新性体现在这些大型组合式体育器械都是"做我们需要的，做我们想要的"，是由后勤部门与教育部门合作构思自制的，充分考虑了材料的外形、结构、材质特点，是市场上绝无仅有的适合本园孩子动作发展需要的体育器械。如多功能攀爬架（见图2-28），考虑到孩子攀与爬的动作发展，手脚并用、不同的攀爬方式和高低不一的视野及空间感为孩子带来丰富的身体活动刺激和持久的兴趣。玩法多样新颖，能囊括七八种攀爬的方式，锻炼了幼儿动作的协调性和灵活性，增强了平衡感和力量。

第二，设置"运动休闲区"。《指南》提出的教育建议之一是：营造温暖、轻松的心理环境，让幼儿形成安全感和信赖感。幼儿园在提倡"愉快体育"的同时，还应关注孩子情绪的释放，为幼儿提供一个安静、不急促的活动步调，一种安全、自尊和解决问题的环境。动静结合的运动、关注个体差异的运动更能使孩子的身体素质得到更好的发展。提供一定的休息空间让其暂时退避活动、缓解情绪，也是提升户外活动环境内涵的重要方式。

有些儿童体质较弱，长时间追逐打闹使他们感到体力不支，需要一个休息调整的空间，有些幼儿运动时发生冲突、挫折、失败、疲劳、痛伤，也需要一个调解矛盾、观察、模仿、思考的空间。这时可在户外运动区域设计运动休息区，如玩沙区旁的石凳、篮球场和足球场旁的休闲区。

（二）把孩子带进大自然的科学世界

伴随着多媒体时代和城市化的发展，自然环境已被钢筋水泥覆盖，孩子每天生活其中的环境俨然已成为一个由各种人工制品堆砌出来的"完美"世界，与自然完全阻断。理查德·洛夫提出"自然缺失症"的概念，用以强调现代社会中的儿童越来越多被困在家里，缺少与自然的接触，生活被电子媒体和学校课程所充斥。有研究表明5—8岁的儿童倾向于将自我归属于自然，与自然有较高的联系和亲近感。因此，在幼儿阶段培养幼儿的亲自然情感是十分必要的。[1]

大自然是幼儿最喜欢阅读的一部真实丰富的百科全书。在幼儿的亲自然情感培养中，户外环境的选择与创设尤为重要。作为教育者，我们必须清醒做出明智的选择——回归自然。《指南》提出：成人要善于发现和保护幼儿的好奇心，充分利用自然和实际生活机会，引导幼儿通过观察、比较、操作、实验等方法，学习发现问题、分析问题和解决问题，引导幼儿通过直接感知、亲身体验和实际操作进行科学学习。创设户外活动环境时，我们始终把"培养孩子亲近自然，喜欢探究"的目标放在重要位置，把孩子带进大自然的科学世界，让孩子通过观察和操作等方式更清晰地感受到大自然的神秘。

点亮孩子的眼睛，解放孩子的双手，让孩子走向大自然，孩子才能获取更多的科学知识。"植物迷宫"让孩子充分在迷宫游戏中感受与自然和谐相处的乐趣，分设水生植物区、阴生植物区、空气植物区、多肉植物区的"植物世界"。观鱼弄龟的"钓鱼小岛、乌龟池"，引导幼儿通过观察、饲养等活动，感知生物的多样性和独特性，以及生长发育、繁殖和死亡的过程，感知和发现动植物的生长变化及其基本条件，从而感知不同季节的特点，体验到季节对动植物和人的影响。另外，我们还为各班级开辟土壤种植园"幼耕园"，在教学楼天台开设无土种植区（见图2-29），让幼儿感知土壤种植和无土种植对植物生长的影响和区别，通过亲手种植，观察植物生根、发芽、成长的过程，也令幼儿产生劳动和收获的喜悦。例如，大班孩子对黄豆在不同土质的土壤种植区和无土种植区的发芽、生长情况做出观察对比实验。

［1］［美］理查德·洛夫.林间最后的小孩［M］.自然之友译.长沙：湖南科技出版社，2010.

图2-29　和老师一起了解无土种植

图2-30　多样化的生态植物园

在不影响户外环境的生态系统的基础下，我们将科学也带进大自然中，让孩子动手实践探索自然，提升孩子热爱大自然、保护大自然的意识。环保与节约的意识培养扩展到户外环境的创设，安装小型的雨水收集系统，通过简单的蓄水系统、输水系统、过滤系统和配水系统，让孩子在下雨天的季节能够观察和了解雨水的形成和循环利用，亲自尝试采用收集到的雨水直接进行绿化灌溉。还安装了小型简易的、可操作的风车和水车发电装置，让孩子亲手操作体验运用风力和水力发电的趣味。在户外环境改造时，我们发现园内两棵大榕树的树枝上垂吊着许多"气生根"，而且两树之间的空间足以建筑一间架空的树上小屋，我们即将设计想法付诸行动，"森林小屋"（见图2-30）成为孩子与大自然零接触的空间，同时我们也装置了几个科学观察箱"引根生长"，供孩子们观察、探索与发现"大树的秘密"。

（三）给孩子创设自由交往的乐园

当今社会，独生子女"缺交往、怯交往"的问题突出。幼儿自身存在自我中心的倾向，对他人的情绪情感状态的认知、了解缺乏，这就会导致帮助、合作、关心、抚慰、同情等亲社会行为的缺乏。《指南》指出，人际交往和社会适应是幼儿社会学习的主要内容，也是其社会性发展的基本途径。通过富有感情色彩、充满友情的交往方式，消除幼儿之间人际交往的冷漠与紧张，避免"孤独世界"所导致的恶果，无疑对幼儿的心理健康是有益的。

《指南》提出，幼儿园应多为幼儿提供自由交往和游戏的机会，鼓励他们自主选择、自由结伴开展活动。游戏是幼儿进行学习和发展社会性、情绪及认知能力的重要方式。帕顿（M. B. Parten）以幼儿社会性发展为依据将游戏分为独自游

图2-31　小班孩子拖"小猪"比赛　　　　图2-32　大班孩子比赛过吊索

戏、平行游戏、协同游戏和合作游戏。[1]为引导幼儿从独自游戏过渡到平行游戏和合作游戏，实现同伴交往，游戏起着不可忽视的作用，我们必须为孩子提供自由的游戏空间和多样选择性的游戏器械。

　　"玩悦园"强调的是"玩"——游戏与"悦"——健康心理。户外环境每一处的游戏活动都有可能促进幼儿同伴之间的交往合作，而特别创设"玩悦园"是为了突出教育对幼儿社会性发展的重视，不仅仅为的是使幼儿在户外环境中锻炼自己的体质，而且为幼儿提供了自由交往和游戏的机会，鼓励了孩子们自主选择、自主结伴开展活动体会交往、分享的乐趣，悦纳自己、悦纳他人，进而顺利地实现这一阶段的社会性发展。"玩悦园"精心放置主要是能够分享与合作的游戏设施，如由两人玩或多人玩的秋千、跷跷板、彩虹伞等，限制人数的器械虽然使部分幼儿暂不能参与心仪想玩的游戏活动，但鼓励了幼儿学会谦让等待，遵守游戏规则，了解自己和他人的思想感情、意向以及控制自己行为的心理能力。精心设计及组织的"玩悦园"可以有效地培养儿童的自我延迟满足能力，促进合作行为，在游戏中相互交流、互相启发，为儿童社会性发展创造了条件。

（四）将孩子置于户外美育环境的艺术氛围中

　　每个幼儿心里都有一颗美的种子。"艺术是人类感受美、表现美和创造美的重要形式，也是表达自己对周围世界的认识和情绪态度的独特方式。"《指南》指出，幼儿艺术学习的关键是充分创造条件和机会，在大自然和社会文化生活中萌发幼儿对美的感受和体验，丰富其想象力和创造力，引导幼儿学会用心灵去感受和发现美，用自己的方式去表现和创造美。因此，幼儿园的户外环境设计要符合幼儿的审美情趣，需要根据幼儿的心理、生理的审美特点，尊重、理解幼儿的欣赏需求，主动寻求并设计出更适合幼儿审美的环境。

---

[1]　吴航.学前儿童游戏研究的新趋向：从分类学到生态学[J].学前教育研究，2008（5）：57-59.

佛山本土传统文化，如陶瓷文化、剪纸文化等，包含着艺术的诸多因素，如线条美、对称美、构图美、寓意美等，符合幼儿的欣赏水平。在审美教育精神的指导下，我们深切地认识到，艺术教育的本质是审美的教育，而美术欣赏教育对幼儿审美能力的提高起着实质性的推动作用。因此，我们充分挖掘本土文化中的亮点，让教育来自生活，在生活中学习，活用"活教材"。幼儿通过参观、体验活动，了解佛山本土的历史文化，萌发了爱家乡的情感，最终提升幼儿的审美能力。如在户外环境设计中，我们将旧围墙改造，设计了"陶艺创意墙"（见图2-33），将一届又一届毕业孩子的陶泥作品铺设围墙，留作纪念之余让孩子感受文化之美。而且幼儿以其内心的需要出发，通过色彩、形态等陶泥造型语言进行表现，并将这种表现传达给观众（家长、教师、同伴），观众在欣赏作品时体验到幼儿创作时的感受，对其造型和表现流露出赞许之情。观众的赞许反馈回幼儿，有利于进一步形成幼儿对自我表现的自信、喜悦等良好的情绪体验，幼儿可以获得自由创造的快乐体验，其创造力和自我表现的愿望被不断激发。

图2-33　在陶艺墙上寻找自己的作品　　　　图2-34　走廊里的创意墙

在"全园艺术化"的美育环境创设理念上，我们凝聚园本文化，打造具备儿童文化气息的教育环境，大到布局规划，小到一室、一梯、一廊的环境创设，都透射出办园理念和办学特色。第一，在户外环境艺术文化氛围创设中，我们将园所文化——"家"文化渗透在环境中，将幼儿园的三原色和园徽的元素、形状运用到指示牌、标志牌、宣传栏、地面图案设计等地方，让幼儿感受形态之美，让家长和幼儿时时刻刻感受幼儿园的理念和文化，产生对幼儿园的认同和归属感。第二，全园形成"艺术长廊"，尊重孩子的艺术作品，将全园每一个角落都作为孩子绘画作品的展览区。每次园内大型活动环境布置都充分利用孩子的作品装饰和美化环境，如树底下利用亲子制作的立体动物装饰成"森林世界"，将幼儿美术作品垂挂在树上、墙上和梯角，使孩子获得开放性的艺术教育熏陶。

（五）给孩子一个自主阅读的户外舒适空间

《指南》对阅读教育的建议是为幼儿提供良好的阅读环境和条件，提供相对安静的地方，尽量减少干扰，保证幼儿自主阅读。孩子的阅读能力有限、持久性较差等因素，决定了早期阅读不同于其他年龄段孩子的阅读，考虑到室内阅读环境的限制性，我们把阅读空间延伸到户外，注重在游戏中创设丰富的开放性户外阅读环境，更大程度地培养幼儿的阅读兴趣及能力。

"故事园"的环境设计上，注重从幼儿的阅读习惯培养入手。故事园坐落在幼儿园的园林深处，环境优美，宁静温馨，光线充足。故事园内保留了过去的园林小亭子，孩子们在亭子内可以自由地选择绘本，随心所欲地讨论，并可把小亭子作为故事表演小舞台，感受阅读与表达的喜悦（图2-35）。故事园树底下都设有吊椅，给孩子创造了一个宽松的互动式阅读环境，孩子们可以独自或结对坐在吊椅上，在树荫下享受自主阅读的乐趣。每一个孩子都是一个独立体，在成长的过程中会出现身体、心理上的各种差异，这就需要提供不同的空间供其选择。在比较私密的空间，孩子们可以感受舒适感，慢慢放松心情和调节情绪。因此，故事园也成了幼儿的私密空间，对幼儿的心理健康成长起着重要的作用。

图2-35　和孩子们一起读故事

三、器械制作与材料投放

体育活动是幼儿生活和教育的重要组成部分，而器械是幼儿体育活动中必不可少的物质条件。体育活动的效果如何，与器械有着密切的联系，器械可以诱发幼儿进行体育活动的愿望和构想，并产生相应的行为和活动。器械不仅是体育活动的辅助材料，而且是体育活动中重要的操作材料。

（一）小器械制作与投放

符合幼儿年龄特点材料的投放是基础。教师们的手都很灵巧，也非常容易接受新生事物，对器械的选择聚焦于不同的玩法尽可能多地给予孩子们不同的动作发展，通俗地说，就是一物多玩，要研究怎么玩才能发展孩子不同的动作。如：要发展孩子跳的动作，那么必须要借助小器械等材料设计一些游戏环节以促进幼儿"跳"的动作的发展。而不同年龄段的孩子，"跳"的动作发展难度也不同。

理论知识的掌握，为教师的工作实践做支撑。在通过一系列学习理论的活动后，我们开始了理论与实践结合的一系列活动。

首先，我们进行了适合各自年龄段幼儿的小器械的制作。在制作的同时，我们要求教师填写一张表格，如下：

表2-1 自制教具说明表

小器械名称	适合年龄段	制作者	
制作材料：			
主要发展幼儿哪种基本动作（请打勾）：走、跑、跳、钻、攀爬、投掷、其他			
玩法：（请写出动作具体要求，如向上投掷）			

看似平常的一张表格的填写，让教师在设计小器械及其玩法时，有了很明确的目标：这个玩法，发展幼儿什么动作，这个动作的具体要求是什么，是否符合该年龄段幼儿的发展水平等等，帮助教师梳理思路，明确设计方向。

其次，我们进行了小器械制作的评比。每个老师把自己的器械进行展示，让每一位教师参与评比打分，目的是让教师们扩大眼界，以他人的设计亮点启发自己，使小器械的一物多玩更好地发挥作用。通过评比活动，很多老师受到启发，得以继续完善自己的设计方案，在给孩子玩的过程中，增加了很多的玩法。

最后，针对小器械的制作，我们进行了集体研讨交流活动。我们把在评比活动中得分较高的小器械进行了展示，并请设计的老师把自己的设计思路与玩法进行分享。有的老师把自己的小器械同民间的游戏结合并做了改进，橡皮筋的利用使一根根单独的棍子可以随意连接，彩色沐浴球与铃铛的结合让小器械在玩的过程中增加了趣味性，可以跳、钻、转，可以单人玩也可以多人玩；有的老师还用铁丝焊接成一个个圈，并在圈中运用民间的彩带编织工艺进行了装饰，使原本冰冷的铁圈变成了一件艺术品，并可以发展幼儿滚、钻、跳、跨、投掷等不同动作。简单的一件小器械，老师们可以想出6—10种甚至更多的玩法，不同的玩法也促进了幼儿更多动作的发展。

（二）大型器械制作与投放

结合园内实际情况，我们把自制大型体育器械活动作为我园开展课题研究的一项重要内容。

图2-36　自制多功能攀爬架

图2-37　自制的平衡木、梅花桩等

　　自制的大型体育器械不同于购买的各种体育器械，它是由教师、幼儿和家长共同利用废旧材料制作的。在制作和设计的过程中，我们充分挖掘和利用了日常生活中的废旧物品，以变废为宝、保护我们身边的绿色环境为宗旨，根据孩子们的年龄特点和当地的条件、季节等而自制，具有色彩鲜艳、形式多样、玩法多样的特点，能够有效地配合开展各种游戏活动。

　　下面根据我园自制体育器械的经验，来阐述幼儿园体育器械的制作与运用。

1. 制作的器械要安全、卫生、耐用

　　器械在活动过程中是与幼儿直接接触的，所以材料选择一定要遵从安全原则。其次更要牢固坚实，不能才使用了几次就发生破损。

2. 从幼儿兴趣出发进行制作

　　教师要对幼儿平日的活动进行细心观察，善于去发现幼儿喜欢些什么、需要些什么，从而有选择性地去制作幼儿感兴趣的器械；还要善于在幼儿活动的过程中发现问题，不断地对器械进行改进，使其更为完善、更能符合幼儿的活动要求，更加具有锻炼的功效。

3. 让器械具有多种锻炼功能

　　在自制体育器械时要做到灵活，通过颜色、形态等的变化使器械有尽可能多的变化，从而在体育活动中实现其多功能的教育价值。器械作为幼儿体育活动中的操作材料，可引发幼儿进行体育活动的愿望与构想，并产生相应的行为和活动。其操作的形式越多，幼儿表现出来的主动性、积极性就会越高，相应

图2-38　满足幼儿不同动作需要的攀爬架

地得到的身体锻炼就越全面，让孩子获得主动探索和成功的机会就越多，更能在探索活动过程中增强其自信心。所以，即便是同一种器械，它所实现的价值也是多方面的，就看教师如何去挖掘。

4. 教师、家长、幼儿园共同参与制作

本着自制器械安全性、科学性、创造性、趣味性及简易实用的原则，我们可以充分利用家长资源。通过大家一起动手动脑，并让幼儿参与制作，这样不但能集思广益，还能在制作过程中增进师生、亲子间的感情，促进家园联系，更能锻炼幼儿的动手能力，使幼儿在以后的活动中兴趣更高，培养其参与活动的兴趣和积极性，也有利于培养幼儿爱护器械的良好品质。

总之，幼儿园在开展的自制体育器械的活动中取得了一定的成果，将体育器械的内容、材料、方法与幼儿的实际生活紧密结合起来，挖掘各器械在活动中的作用，从而使幼儿在体育活动中得到相应的发展，有效促进幼儿动手能力的发展。

第三章　成长有途径

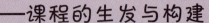

——课程的生发与构建

第一节　户外混龄区域活动目标

一、活动目标的理念来源

（一）让幼儿在混龄游戏中获得身心成长

　　游戏是幼儿的基本活动。游戏是幼儿获得知识、经验的重要途径，不同年龄幼儿在一起游戏，是一种相互学习、指导的过程，是幼儿教幼儿。陶行知从其生活教育论指出："先过那一种生活的是那种生活的先生，后过那种生活的是那一种生活的后生。""小孩子先过了这种生活，又肯教导前辈或同辈的人去过同样的生活，是一名名实相符的小先生了。""为学而学，不如为教而学之亲切。为教而学必须设身处地，努力使人明白，自己便自然而然的格外明白了。"在游戏中儿童教儿童就是儿童之间的对话，教的主体和学习者都是儿童，有共同的语言，脱离了成人文化的痕迹，在自发、主动的环境中获得发展。

　　《纲要》指出：游戏是幼儿园的基本活动。幼儿园的一切活动都要以游戏为组织形式，游戏是幼儿身心健康发展所不可缺少的一种活动，幼儿通过游戏学习、感知，在游戏的情境中了解万物。《教育大辞典》认为："游戏是适合幼儿年龄特点的一种有目的、有意识的，通过模仿和想象，反映周围现实生活的独特的社会性活动"。幼儿的成长离不开游戏，"游戏是童年幸福与快乐的砝码，也是儿童成长的阶梯"。台湾学者梁培勇认为现在的儿童可以游戏的机会较少，从而导致儿童发生问题的比例比以前高。因此预防儿童产生问题最有效的方法就是让儿童有更多游戏的机会。

　　维果斯基则强调"儿童是通过参与比较有知识的人的共同互动，在做中学习的"。[1]在跨年龄的幼儿互动活动中，能力强的幼儿能为能力较弱的幼儿提供支

---

[1]　高文.维果斯基心理发展理论与社会建构主义[J].外国教育资料，1999（4）：10-14.

架，这种支架恰好是落在能力较弱幼儿的最近发展区。当幼儿通过更专业的同伴协助形成新的结构时，这将带动能力较弱幼儿进步，实现"最近发展区"所达到的水平。与同龄活动相比，在混龄活动中，幼儿有机会与各种发展水平的伙伴结成广泛的关系，这就为幼儿的发展提供了潜在的广泛的互动经验与联系。

作为幼儿游戏新形式的混龄游戏具有游戏的各种特性和优点，同时也有自己的特质，它将处于不同年龄、不同能力的幼儿组织在一起开展游戏，既使幼儿游戏发挥了最大的价值，又使幼儿在混龄中相互交往、相互合作，能够在一个他们能彼此了解而且分享的水平上进行沟通，培养幼儿良好的社会行为和丰富的社交策略。因此从这种程度上说，幼儿教育就是游戏教育，混龄教育实质就是混龄游戏教育。

混龄游戏在我国幼儿园已有所开展，在实践过程中也积累了一定的经验和方法。较为成熟的是混龄体育活动的实施，但在活动设计、组织、材料投放、指导等方面也存在一些问题。

（二）当前混龄体育活动中存在的主要问题

现阶段从全国范围来看，混龄教育尚处起步阶段，而且各地实施时差异性很大。基于我们的调查研究，当前幼儿园混龄体育活动存在下列问题。

1. 目标设定不够全面

混龄体育活动无论总目标还是具体活动目标，只关注大带小、而疏忽了小促大的作用。将小龄幼儿放在弱势地位，其学习的独立性和自主性难以体现。究其根源，是教师对混龄教育的认识不够全面。因此，实施混龄活动，一定要加强教师的教育观念的更新，促进教育素养的提高，在专业化方面要加强培训和指导。

2. 缺乏系统性、整体性

混龄教育不仅仅是几个班级的事，应视为幼儿园教育的基本模式之一；它也不是几个班主任随意所为，而是在幼儿园整体教学计划之下的教育行为。由于对混龄教育认识不足，混龄体育活动缺乏系统性和整体性。执教者并没有从长远的角度出发，制订学期或学年的混龄体育活动计划，而多是出于短期目的，在内容的选择和时间的安排上，表现出散乱和随意。由于计划不周全、准备不充分，教师组织得很吃力，效果却不尽人意，还易遭受家长的误解和埋怨。

3. 关注个体差异不够

开展户外混龄体育游戏中，由于幼儿都是穿插到各个活动中，在不同活动区里游戏，活动区间孩子的流动量也较大，活动区的老师对不是本班的个别幼儿的个体差异难以察觉。例如：个别幼儿的情绪老师难以关注到，就算你关注到了，孩子对你不熟悉，加上还要负责本区活动的指导，安抚孩子的情绪也需要一定的时间。孩子的情绪不好，对活动的参与度就不强，就会直接影响到孩子活动的效果。

4. 冲突的解决策略不足

发生冲突时，由于孩子们混龄交往能力欠缺，又不懂得如何处理、解决矛盾，容易依赖他人介入，向他人求救，存在着畏惧、逃避心理。幼儿此种畏惧、逃避心理的形成是与他人的心理引导密切相关的。如果这时候老师能正确把握这一契机，充分利用时机，老师对幼儿同伴关系的良好发展给予及时有效指导，那孩子们的交往能力就能得到飞跃；如果这时候给予的是命令，强行中断正在发生的同伴交往现象，那就使大量的教育机会流失，使孩子养成了畏惧心理。

5. 跨度单一，形式单调

混龄体育活动选择的跨度和形式，是整个教学计划中的一部分，应丰富又切实可行。能够满足不同年龄幼儿和不同能力发展的需要。实践中，有些幼儿园过于强调混龄活动的实施难度，而在尝试混龄的跨度、教学形式方面非常单一，导致活动效果不理想。

6. 投放的材料的层次性不强

幼儿在与环境的互动中获得发展，在与材料的互动中不断提高。而老师们在提供的投放材料中层次性不强。例如：提供的游戏材料都是一样的，对年幼些的孩子来说难度高了，对年长的孩子来说又简单了，不能满足不同年龄、不同层次幼儿的需要。教师在投放各种材料时要注意材料的丰富多彩、新型、趣味等，还要注意能够根据幼儿发展的需要进行灵活的调整和补充，提高材料的多样化、层次性使用。

7. 沟通欠缺，家园相逆

在国内幼教界普遍实施分龄教育的大环境下，实施混龄教育对于幼儿园来说可谓是新的尝试，需要家长的配合与支持。一些幼儿园在尝试开展了一个阶段的大中班的混龄体育活动后，遭到很多家长的反对。中班家长担心自己孩子会受到大班幼儿的欺侮，容易造成孩子的畏缩行为；大班家长则认为大孩子与小龄孩子一起玩，只是有利于小龄孩子的发展，对大孩子没有什么帮助。问题产生的关键在于，幼儿园没有把混龄体育活动的内容、方法、时间、形式等与家长及时进行沟通。应当让家长充分认识到混龄教育不仅有大带小、大帮小的功能，还有小促大、小助大的作用。这样的沟通相信绝大多数家长会理解和支持的。

（三）户外混龄区域活动的积极尝试

国内在混龄游戏方面的理论和实践研究都相当少，因此如何运用混龄游戏促进和培养幼儿的良好个性和身心和谐发展，探索出一条适合我国幼儿教育的混龄游戏开展方式是我国儿童教育的一个重要任务。

　　我园作为全国幼儿教育最基层的一分子，在混龄教育方面也迈出了重要的一步，即以户外体育游戏活动为依托的区域性主题游戏组织的探索实践，将幼儿游戏这一基本的外在活动与幼儿年龄特征及幼儿园自然环境资源结合起来，为学前教育理论研究提供一个新的角度，为幼儿教育以及重新审视学前游戏教育研究中存在的问题提供一个新的生长点。虽然现阶段也处在限于某一时段或某一活动采用"大带小"活动方式，但是在"自然·爱·悦·梦想"的办园理念引领下，坚持"培养健康、快乐、创新的孩子"的办园目标，以健康领域为突破口，为促进幼儿全面和谐发展做出了有益的探索与实践。

二、活动目标的确定

　　户外混龄区域活动作为幼儿健康活动的一个组织形式，它的开展不仅能弥补集体类健康活动整齐划一的不足，还能满足不同幼儿不同能力发展的需要，对幼儿自主性发展具有一定的推动作用，因此它的目标就要着重于运动兴趣、创新合作、自主发展三维目标。[1] 同时要考虑各活动区域空间的划分、区域运动器械的运用、幼儿不同年龄层次的安排等因素。

（一）制定户外混龄区域活动目标的依据

　　（1）《纲要》中健康领域的总目标是制定户外混龄区域活动的必然依据。同时《指南》在健康领域中，按照幼儿学习与发展最基本、最重要的内容划分为"身心状况"、"动作发展"以及"生活习惯与生活能力"三个子领域。在每个子领域下，包含着若干个幼儿学习与发展的目标。[2] 因此健康领域的学习与发展目标成为幼儿园户外混龄区域活动目标的直接依据。

　　（2）幼儿身心发展的特点和需求是制定幼儿园户外混龄区域活动目标的又一重要依据。将活动的分类目标转化为年龄阶段目标时，应该考虑该年龄段幼儿生理、心理发展的特点和需要。只有这样，才能制定出符合该年龄阶段幼儿的发展目标。

　　（3）幼儿园户外混龄区域活动的场地规划、具体内容和活动形式是制定具体活动目标的直接依据。一般来说，不同的场地设置，适合不同的活动内容，同时

［1］　杨金凤.运动中成长——运动活动中师幼积极有效互动的探索［M］.上海：上海教育出版社，2011.
［2］　教育部.3—6岁儿童学习与发展指南.2012.

活动的形式也会有所不同，而活动内容和形式的不同，往往活动的价值（教育价值）也不同。

（4）上次活动的反馈信息是制定下次活动目标的又一重要依据。上次活动的有关信息有利于教师有针对性地调整活动计划及与活动计划有关的活动目标。

（二）户外混龄区域活动目标的表述

户外混龄区域活动的目标表述的特点图示如下（见图3-1）：

图3-1　户外混龄活动目标图示

（1）活动目标的实现是达成年龄目标的必然环节，特别是在混龄活动中。因此，在制定具体的活动目标时，要紧扣年龄目标。

（2）表述要具体、明确，操作性强。宜采用幼儿行为目标的表达方式，即以幼儿应习得的各种行为来表达活动目标。

（3）活动目标的内容应从发展幼儿的认知、情感和态度及动作和技能等几个方面全面考虑，体现活动功能的综合性。

三、目标的指向与分类

（一）总目标

总目标

1. 身体健康，在集体生活中情绪安定、愉快

2. 生活、卫生习惯良好，有基本的生活自理能力

3. 知道必要的安全保健常识，学会保护自己

4. 喜欢参加体育活动，动作协调、灵活

5. 乐意与人交往，学会互助、合作和分享

6. 理解与遵守日常生活中基本的社会行为规则

（二）子目标

子目标

身心状况
1. 具有健康的体态
2. 情绪安定愉快
3. 具有一定的适应能力

动作发展
1. 具有一定的平衡能力，动作协调、灵敏
2. 具有一定的力量和耐力
3. 手的动作灵活协调

生活习惯与
生活能力
1. 具有良好的生活与卫生习惯
2. 具有基本的生活自理能力
3. 具有基本的安全知识和自我保护能力

人际交往
1. 愿意与人交往
2. 能与同伴友好相处
3. 具有自尊、自信、自主的表现
4. 关心尊重他人

社会适应
1. 喜欢并适应群体生活
2. 遵守基本的行为规范
3. 具有初步的归属感

（三）年龄目标

表3-1　年龄目标具体内容

子领域	子目标	年　龄　目　标	
		4—5岁	5—6岁
身心状况	具有健康的体态	在提醒下，能保持正确的站、坐和行走姿势	经常保持正确的站、坐和行走姿势
	情绪安定愉快	1. 经常保持愉快的情绪，不高兴时能较快缓解。 2. 有比较强烈情绪反应时，能在成人提醒下逐渐平静下来。 3. 愿意把自己的情绪告诉亲近的人，一起分享快乐或求得安慰	1. 经常保持愉快的情绪，知道引起自己某种情绪的原因，并努力缓解。 2. 表达情绪的方式比较适度，不乱发脾气。 3. 能随着活动的需要转换情绪和注意
	具有一定的适应能力	1. 能在较热或较冷的户外环境中连续活动半小时左右。 2. 换新环境时较少出现身体不适。 3. 能较快适应人际环境中发生的变化	1. 能在较热或较冷的户外环境中连续活动半小时以上。 2. 天气变化时较少感冒。 3. 能较快融入新的人际关系环境
	具有一定的平衡能力，动作协调、灵敏	1. 能在较窄的低矮物体上平稳地走一段距离。 2. 能以匍匐、膝盖悬空等多种方式钻爬。 3. 能助跑跨跳过一定距离，或助跑跨跳过一定高度的物体。 4. 能与他人玩追逐、躲闪跑的游戏。 5. 能连续自抛接球	1. 能在斜坡、荡桥和有一定间隔的物体上较平稳地行走。 2. 能以手脚并用的方式安全地爬攀登架、网等。 3. 能连续跳绳。 4. 能躲避他人滚过来的球或扔过来的沙包。 5. 能连续拍球
动作发展	具有一定的力量和耐力	1. 能双手抓杠悬空吊起15秒左右。 2. 能单手将沙包向前投掷4米左右。 3. 能单脚连续向前跳5米左右。 4. 能快跑20米左右。 5. 能连续行走1.5公里左右（途中可适当停歇）	1. 能双手抓杠悬空吊起20秒左右。 2. 能单手将沙包向前投掷5米左右。 3. 能单脚连续向前跳8米左右。 4. 能快跑25米左右。 5. 能连续行走1.5公里以上（途中可适当停歇）

续　表

子领域	子目标	年　龄　目　标	
		4—5岁	5—6岁
动作发展	手的动作灵活协调	学习使用简单的劳动工具或用具	能使用简单的劳动工具或用具
生活习惯与生活能力	具有良好的生活与卫生习惯	1. 喜欢参加体育活动。 2. 常喝白开水，不贪喝饮料	1. 能主动参加体育活动。 2. 主动饮用白开水，不贪喝饮料
	具有基本的生活自理能力	1. 能自己穿脱衣服、鞋袜，扣纽扣。 2. 能整理自己的物品	1. 能知道根据冷热增减衣服。 2. 会自己系鞋带。 3. 能按类别整理好自己的物品
	具有基本的安全知识和自我保护能力	1. 知道在公共场合不远离成人的视线单独活动。 2. 认识常见的安全标志，能遵守安全规则。 3. 运动时能主动躲避危险。 4. 知道简单的求助方式	1. 能自觉遵守基本的安全规则和交通规则。 2. 运动时能注意安全，不给他人造成危险。 3. 知道一些基本的防灾知识
人际交往	愿意与人交往	喜欢和小朋友一起游戏	1. 有自己的好朋友，也喜欢结交新朋友。 2. 有问题愿意向别人请教
	能与同伴友好相处	1. 与同伴发生冲突时，能在他人帮助下和平解决。 2. 活动时愿意接受同伴的意见和建议。 3. 不欺负弱小	1. 活动时能与同伴分工合作，遇到困难能一起克服。 2. 与同伴发生冲突时能自己协商解决。 3. 知道别人的想法有时和自己不一样，能倾听和接受别人的意见，不能接受时会说明理由。 4. 不欺负别人，也不允许别人欺负自己
	具有自尊、自信、自主的表现	1. 自己的事情尽量自己做，不愿意依赖别人。 2. 敢于尝试有一定难度的活动和任务	1. 自己的事情自己做，不会的愿意学。 2. 主动承担任务，遇到困难能够坚持而不轻易求助。 3. 与别人的看法不同时，敢于坚持自己的意见并说出理由

续　表

子领域	子目标	年　龄　目　标	
		4—5岁	5—6岁
人际交往	关心尊重他人	1. 会用礼貌的方式表达自己的要求和想法。 2. 能注意到别人的情绪，并有关心、体贴的表现	1. 能有礼貌地与人交往。 2. 能关注别人的情绪和需要，并能给予力所能及的帮助。 3. 尊重为大家提供服务的人，珍惜他们的劳动成果
社会适应	喜欢并适应群体生活	愿意并主动参加群体活动	在群体活动中积极、快乐
	遵守基本的行为规范	1. 感受规则的意义，并能基本遵守规则。 2. 知道接受了的任务要努力完成	1. 理解规则的意义，能与同伴协商制定游戏和活动规则。 2. 能认真负责地完成自己所接受的任务
	具有初步的归属感	喜欢自己所在的活动区域，积极参加集体活动	愿意为集体做事，为集体的成绩感到高兴

第二节　户外混龄区域活动内容

　　丰富的游戏内容是户外混龄区域活动重要的特点，主要体现在场地设置的合理、玩具材料的丰富、活动形式的多样等。户外混龄区域活动就是根据活动目标，在各个区域摆放不同的活动材料，设置不同的游戏情节。总之，在不同的区域里，每个幼儿都可以自由地选择自己感兴趣的运动材料和运动方式并自主地活动，从而使运动能力得到均衡的发展。

一、户外混龄区域活动内容的确定

　　在制定户外混龄区域活动内容时，要充分考虑"全面发展性原则"。这个原则有两层含义：一是指幼儿的户外混龄区域活动应尽量使幼儿身体的各个部位，各个器官系统的机能，各种基本活动能力和身体素质等，得到全面协调的发展；二是指户外混龄区域活动的主要功能是锻炼幼儿的身体，增强幼儿的体质，但在具体开展户外混龄区域活动时，同样应该发挥运动在促进幼儿认知、情感、态度、社会性和个性发展方面的功能，实现幼儿的全面和谐发展。因此，我们在确定幼儿户外混龄区域活动内容时首先要明确幼儿各类动作与器械的练习与幼儿身体素质发展的关系（见表 3-2），并以此为基础结合我园已有特色课程内容制定户外混龄区域活动内容。

表 3-2　各类动作和器械的练习与幼儿身体素质发展的关系表[1]

各类练习	身体素质	力量素质			耐力素质	调整素质				
		上肢	下肢	躯干		速度	平衡	柔韧	灵敏	协调
基本动作练习	走		☆		☆	☆				☆
	跑		☆		☆	☆	☆		☆	☆
	跳跃		☆		☆	△	☆		☆	☆
	投掷	☆		☆		△		△		
	攀登	☆	☆	△			△	△		
	钻								☆	
	爬	☆		△				△		
器械练习（举例）	转椅						☆			
	脚蹬车		☆				☆		△	☆
	滑板车		☆				☆		△	☆
	跳绳	△	☆	△	△	△				☆

（"☆"表示关系密切，"△"表示关系比较密切）

二、户外混龄区域活动内容的设置

　　根据我园的户外场地实际情况，我们充分挖掘本园的体育环境资源，因地制宜，把户外园区划分为 19 个运动区域（见图 3-2）。根据中大班幼儿的年龄特点和发展需要，整合幼儿园原有的体育课程资源，制定丰富的户外混龄区域活动内容。

[1]　张慧和，顾荣芳，薛菁华.幼儿园课程指导丛书——健康[M].南京：南京师范大学出版社，1997：61.

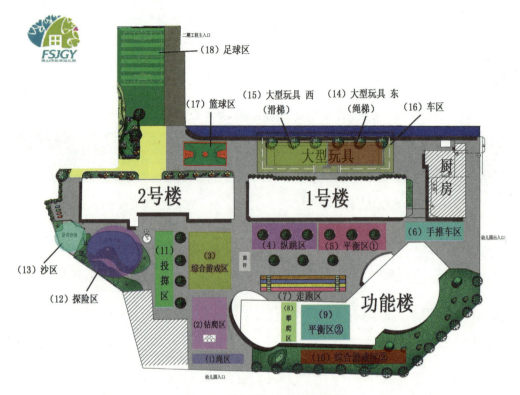

图 3-2　幼儿园户外游戏区域图

（一）玩绳区

表 3-3　玩绳区的活动设置

区域	目　标	活 动 建 议	活动场地	材料投放
1号：绳区游戏	1. 尝试利用长短不一的绳进行多种玩法游戏，感受其多变性和趣味性，在运动中体验快乐。 2. 在一定的基础上循序渐进地学习跳绳的方法，在绳类游戏中提高与玩伴合作游戏的能力。	1. 引导孩子玩绳、跳绳，感受长短不一的绳的利用和游戏价值，体验玩绳和与同伴合作游戏的乐趣。 2. 进行跳跃游戏时，提醒幼儿跳跃要用前脚掌落地，减少对脊柱、大脑的震动。同时，膝盖应微微弯曲，缓和膝盖、脚踝与地面接触时的冲击。	适宜选择较为开阔的空地	60 cm 短绳，3m 左右跳绳，6—8 m 长绳，依照入区人数和活动需要适量投放

续　表

区域	目　标	活动建议	活动场地	材料投放
1号：绳区游戏	3. 发展多种纵跳、双脚跳、斜进跳、单脚跳、跨跳等跳跃动作能力，增强弹跳能力和动作的灵敏性、协调性。学习跳跃中自我保护的方法	3. 降低难度，分解跳绳动作，引导幼儿学习跳绳，从单独的甩绳开始（单手甩、双手甩），再到手脚协调同步练习。 4. 跳跃游戏对体力消耗较大，注意调整游戏的强度与密度，游戏时间不宜过长，要注意适时休息调整。 5. 提示幼儿要注意活动的空间，培养幼儿的安全和自我保护意识		

参考游戏

★ 游戏：躲小蛇

活动目标

1. 学习灵敏躲闪和跳过运动的绳。

2. 体验与同伴合作玩绳的乐趣。

活动准备

短绳若干。

活动指导

1. 幼儿单手握绳的一端，在同伴脚下快速摆动绳子，好像扭动的小蛇，幼儿看到绳子摆过来迅速跳起躲避，避免被"小蛇"咬到。

2. 在一定范围内，可以双人（或多人）合作玩，被"小蛇"碰到的幼儿自然进行角色交换。

★ 游戏：蹦蹦跳

活动目标

1. 练习双脚有节奏地连续跳，锻炼下肢动作协调性。

2. 掌握前脚掌落地，轻松跳跃的方法，学会自我保护。

活动准备

幼儿跳绳若干。

活动指导

1. 两手捏住绳子的两端，双脚踩在绳子的中间部位，两手拉紧绳子，双脚用力连续跳。

2. 将绳展开放在地面上，双脚并拢在绳的两侧，左右交替连续跳跃。多名幼儿还可自由组合，将绳连接围圈或摆成"一字长蛇阵"，合作一起玩左右斜进跳跃的游戏。

★ 游戏：跳房子

活动目标

1. 在绳子组合的图形内练习双脚跳、单脚跳、分腿跳等动作，提高身体动作的灵活性和协调性。

2. 能利用绳子进行多种图形变换和组合。

活动准备

幼儿跳绳和短绳若干。

活动指导

1. 引导幼儿利用跳绳和短绳进行自由组合，在地面上摆出多种类似房子的图形，并可以根据游戏需要不断调整变化。

2. 设计好通过房子的出入口位置和路径，用双脚跳、单脚跳和分腿跳的多种跳跃方式连续通过，看谁跳得又快又好。

图3-3　跳房子

★ 游戏：我是大摇手

活动目标

1. 通过练习摇绳子感知手腕的转动、摇摆力度与绳子转动之间的关系。

2. 运用视、听和体位感觉来感知绳子的运动，学习掌控摇绳时的速度和幅度。

活动准备

短绳若干。

活动指导

1. 单手摇绳：单手握短绳在体前、体侧、头顶上等不同的方位进行自由摇绳。

2. 双手摇绳：双手握绳在身体两侧进行自由摇绳。

★ 游戏：好玩的跳绳

活动目标

1. 在一定的摇绳、跳跃基础上学习跳绳。

2. 逐步协调手脚动作的配合，感受学习新本领的喜悦。

活动准备

幼儿跳绳、短绳若干。

活动指导

1. 双手各持一根短绳在体侧练习双手摇绳，随绳从前落下的节奏进行双脚跳跃。

2. 掌握了一定的手脚配合后，更换为跳绳。展开绳子，双手各握一只手柄，将绳置于身后，练习由后向前摇绳并在绳落下时跳起越过，通过反复练习，逐步协调手脚的节奏配合，并使动作渐渐连贯起来，掌握原地连续跳绳的动作技能，感受跳绳游戏的快乐。

★ 游戏：浪来了

活动目标

1. 发展运动知觉和动作知觉以及观察、判断和迅速反应的能力。

2. 练习用纵跳、跨跳动作越过障碍，体验游戏的刺激与快乐。

活动准备

6—8 m 长绳一条。

活动指导

1. 两人在场地一端，各持长绳的一端并拉直离地面约 20 cm，想象为一道"海浪"。

2. 其余幼儿一字排开，站在场地的另一端。听口令"浪来了"，持绳幼儿和其余幼儿面对面向着对方跑过去，当"浪"靠近时，判断时机起跳，用纵跳或跨跳动作，从"浪"上越过。若不小心被"浪"碰到或绊住，则停止游戏，交换角色后继续。

（二）钻、爬游戏区

表 3-4　钻、爬游戏区的活动设置

区域	目标	活动建议	活动场地	材料投放
2号：钻、爬游戏	1. 学习各种爬行动作：手膝着地爬、手脚爬、匍匐爬、钻爬、横爬；锻炼上下肢与背部、腰腹肌肉的力量。 2. 能以手脚并用的方式安全地钻、爬、攀通过各类障碍，锻炼上下肢动作的协调性和灵活性。 3. 大胆参与活动，遵守安全规则，游戏时能主动躲避危险，加强自我保护意识	1. 以丰富多样的游戏形式和设计游戏情节引导幼儿进行活动，提高幼儿参与的兴趣。 2. 注意科学设计好游戏路径，控制幼儿出发的速度，保持间距，避免在通过器械时，人多拥挤而发生危险。 3. 适当调整循环游戏的密度，根据季节调整运动量的大小。 4. 在预测到有安全隐患的位置，老师注意必要的提醒和保护	选择立方体钻、爬类大型玩具及周边场地	海绵垫、竹梯、钻洞、拱门、辅助玩具及游戏所需材料

参考游戏

★ 游戏：蚂蚁过山坡

活动目标

1. 根据场地和器械，练习手膝着地爬、攀登的动作和方法。
2. 体验体育锻炼的乐趣，养成勇敢、不怕困难的精神及学会自我保护的意识。

活动准备

立方体钻、爬类大型玩具，海绵垫若干。

活动指导

1. 幼儿模仿小蚂蚁，从海绵垫上依次手膝着地爬向"小山"（立方体钻、爬类大型玩具）。

2. 起立后，手脚并用攀登并爬上"小山"，幼儿根据自己的能力和胆量，判断自己可以攀爬的高度，选择路径通过"小山"，选择合适的位置爬下，到达地面后可直接返回起点继续参与游戏。根据幼儿的年龄和能力，逐步鼓励幼儿挑战通过"山坡"的高度，培养幼儿勇敢、不怕困难的精神。

★ 游戏：毛毛虫钻洞洞

活动目标

1. 利用场地器材，练习匍匐爬、钻的动作与方法。
2. 锻炼提高身体动作的协调性和灵活性。

活动准备

立方体钻、爬类大型玩具，海绵垫若干。

活动指导

1. 幼儿模仿毛毛虫，从海绵垫上依次匍匐爬向"大苹果"（立方体钻、爬类大型玩具）。

2. 选择玩具中最低的一个洞钻进去，自主选择路径向上、向前钻过4—6个洞后到达对面再钻出来，到达地面后可直接返回起点继续参与游戏。

图3-4　快乐钻洞洞

★ 游戏：八爪鱼寻宝

活动目标

1. 练习手脚爬、攀爬、钻爬动作，锻炼上下肢力量和协调性。

2. 综合利用爬的动作，按照指定路线完成游戏，勇于接受挑战。

活动准备

立方体钻、爬类大型玩具，竹梯2个，辅助玩具若干（可以是毛绒玩具或其他）。

活动指导

1. 幼儿模仿八爪鱼，在场地上练习手脚爬，提示幼儿膝盖不着地。

2. 幼儿按照指定路线依次出发：沿路线手脚爬一段距离，手脚并用攀爬一端架在大型玩具上的竹梯（角度30—40度），到达"寻宝屋"（立方体钻、爬类大型玩具），钻爬进入藏宝的洞洞中，寻找到宝贝（玩具）后，从另一端爬下返回起点，将宝贝放进藏宝箱内（篮子或盒子），继续参与游戏。竹梯的高度可随幼儿的能力调整，鼓励幼儿挑战不同的难度，体验游戏的乐趣。

★ 游戏：螃蟹乐

活动目标

1. 练习横向爬的方法，通过上下肢的动作配合提高身体协调性。

2. 综合运用爬的动作，体验钻、爬游戏的乐趣。

活动准备

海绵垫（窄）、拱门、钻圈、立方体等钻、爬类大型玩具。

活动指导

1. 幼儿模仿螃蟹，在场地上练习横向爬，注意指导幼儿同侧手与脚同时向侧向移动，另一侧的手和脚再收拢，连续移动向一个方向爬行，注意手脚尽量伸直不弯曲，爬行时控制好方向和线路。

2. 介绍游戏路径，指导幼儿依次出发：先正面弓腰钻过拱门，再侧身跨步通过钻圈，模仿螃蟹横向爬通过海绵垫，到达"乐园"（立方体钻、爬类大型玩具），自由选择路径，运用攀爬或钻爬动作通过"乐园"，到达地面后返回起点继续参与游戏。以上四种游戏玩法和材料可自由组合，设计成新的游戏开展活动。

（三）民间传统游戏区

表3-5　民间传统游戏区的活动设置

区域	目标	活动建议	活动场地	材料投放
3号：传统游戏活动	1. 以积极、愉快的情绪参加传统民间体育游戏活动，感受游戏中蕴含的传统文化和乐趣。 2. 在游戏中乐于与新朋友交流，学习与同伴合作、分工，遇到困难一起解决，感受与朋友一起玩的快乐。 3. 能想办法吸引同伴和自己一起游戏（或接受同伴的意见和建议），与同伴有冲突时，能在他人提醒下和平解决	1. 选择多样的材料组织不同的传统游戏，增加孩子参与的积极性。 2. 游戏设计多样化，可结合语言（儿歌、故事）创设情境，组织游戏。 3. 充分利用场地的条件和材料，设计相应的活动。 4. 提供自由交往和游戏的机会，鼓励孩子自由结伴游戏。 5. 注意游戏中的安全指引，提醒孩子主动避开危险	选择较完整、平坦并较为开阔的场地	各类简易、轻便或自制的传统体育游戏材料

 参考游戏

★ 游戏：滚铁环

活动目标

1. 感受并喜爱民间体育游戏，学习滚铁环的基本方法。
2. 养成不怕困难、勇于尝试的精神，体验在游戏中相互学习的乐趣。

活动准备

铁环、铁棍若干。

活动指导

1. 将铁棍前端带 U 形槽的位置套在铁环上，迅速起步推动铁环向前快走或慢跑，并注意掌握铁环滚动的平衡性和滚动方向。

2. 引导幼儿观察和了解滚铁环游戏的方法要领后，鼓励幼儿反复尝试和相互学习，逐步找到控制铁环滚动的技巧。

★ 游戏：好玩的毽子

活动目标

1. 学习踢毽子游戏，锻炼下肢动作的灵活性。

2. 尝试踢毽子的不同玩法，感受民间游戏的有趣。

活动准备

自制牵绳纸毽子（可用报纸或广告纸剪成条扎在一起即可）、鸡毛毽子若干。

活动指导

1. 启发幼儿可以怎样玩踢毽子的游戏，请幼儿尝试着玩，练习下肢动作，灵活快速地判断并抬腿踢。

2. 引导幼儿可以单人玩踢鸡毛毽子、牵绳纸毽子，也可以尝试双人合作互踢毽子。

★ 游戏：陀螺转转转

活动目标

1. 感受旋转陀螺玩法的有趣，激发幼儿对民间游戏的兴趣。

2. 锻炼上肢力量和手眼协调的能力。

活动准备

木质陀螺、抽绳若干。

活动指导

1. 引导幼儿了解陀螺的特性，示范放陀螺和抽打陀螺的方法，讲解要领和注意事项。

2. 幼儿分散游戏，感受抽打陀螺旋转的趣味性。注意保持相互间距离，加强安全和要领指导。

★ 游戏：盲人摸象

活动目标

1. 感受民间集体游戏带来的乐趣。

2. 尝试大胆参与游戏，能在游戏中灵活解决问题。

活动准备

蒙眼罩1—3个。

活动指导

1. 1—3名幼儿蒙眼扮演盲人在场地外等候，其余幼儿在场地范围内，念儿歌并自由走动，儿歌结束即停止原地站立。

2. 盲人出发向场地中摸索，若摸到其中一名幼儿即获胜，可与其交换角色继续游戏。

3. 在盲人摸索的过程中，其余幼儿不能离开原地，但身体可以适当躲避，以避免被摸到（例如蹲下身体、抬起其中一只脚等）。

4. 老师在必要的安全环节方面要给予提示和保护。

★ 游戏：龙欢腾

活动目标

1. 知道舞龙是中华特有的优秀民族文化，激发幼儿学习舞龙的兴趣。

2. 学习基本的舞龙技巧，理解鼓点的节奏变化。

3. 尝试与同伴合作，相互配合游戏，体验快乐。

活动准备

使用大饮料瓶自制的舞龙道具（瓶子底部打孔穿绳并固定一个瓶盖，可与另一个瓶子相接）、自制龙珠（将花球固定在竹棍上）、鼓、鼓槌。

活动指导

1. 先请幼儿各自取一节龙身，模仿舞龙的基本动作：摆龙（左右摇摆）、飞龙（上下蹲立）、碎步跑、盘龙（向圆心点绕成螺旋形）。

2. 学习听鼓点变化做动作：快速小声击鼓为碎步跑，重击1声为停止，敲击两声为左右摆龙，敲击 1 声鼓面加 1 声鼓帮为飞龙。

3. 待幼儿基本熟悉鼓点和动作变化要求后，邀请个别幼儿舞龙珠，其余幼儿将各自龙身连接起来变成一条长龙（人数由少到多，循序渐进）。每条龙选择好场地范围，龙要跟随龙珠运动，龙珠指挥龙随鼓点变化舞动。考验幼儿合作和相互配合的能力，注意控制好节奏变化和奔跑速度，注意游戏安全。

★ 游戏：舞狮乐

活动目标

1. 认识舞狮是中华独特的优秀民族文化，激发幼儿学习舞狮的兴趣。

2. 学习舞狮的左右踏步、交叉步、后点步、进退步等基本步法。

3. 尝试与同伴合作，同步配合玩舞狮游戏，体验快乐。

活动准备

利用纸盒、彩布自制舞狮道具（纸盒一侧粘贴幼儿绘制的狮头，另一侧固定一条约 1 m×0.5 m 彩布作为狮身）、音乐或鼓（鼓槌）。

活动指导

1. 请幼儿先了解和学习舞狮的基本步法：左右踏步、交叉步、后点步、进退步、蹲立和基本姿态：摇头、高抬头、鞠躬等。

2. 请幼儿取道具，两人为一组，学习同步配合进行舞狮基本动作练习，注意确定好动作开始的方向，以便保持一致。

3. 待幼儿自由练习后，进行集体舞狮游戏，老师可利用音乐或鼓点引导幼儿进行舞狮游戏，让幼儿在游戏中感受民族音乐和鼓点节奏，提升舞狮的表现力。

注：舞龙、舞狮游戏有一定的基本动作要求，需要循序渐进。当幼儿达到一定的能力和基础后，才可逐步加入变化，配合音乐、鼓点节奏等进行游戏。

图 3-5　舞龙狮

（四）跳跃游戏区

表3-6 跳跃游戏区的活动设置

区域	目　　标	活　动　建　议	活动场地	材料投放
4号：跳跃游戏	1. 练习各种跳跃动作（单／双脚连续向前跳、跨跳、蛙跳、连续单脚跳、立定跳远、高处向下跳、纵跳等），锻炼腿部肌肉、下肢爆发力和腰腹力量。 2. 起跳时，手臂协调摆动配合，蹬腿有力，落地要轻，屈膝，前脚掌先落地，提高动作协调性、灵敏性。 3. 体验和发现不同类型跳的相通之处，提高幼儿的运动兴趣，培养其不怕困难、不怕累，勇于接受挑战的精神	1. 注意提示幼儿跳跃落地时要前脚掌着地、屈膝，注意保护膝、踝关节。 2. 跳跃活动对体力消耗较大，须注意控制运动强度与密度，分组、分散活动，动静交替，调整好幼儿身体状态。 3. 活动时提醒幼儿遵守秩序，留足活动空间，避免相互碰撞	选择较完整、平坦的场地（最好是软胶地面），场地适宜选择有可悬挂物体的纵跳触物架或有树木的地方，便于拉绳或拉网	各类简易、轻便或自制的小玩具；根据游戏需要提供器械材料；绳或线等

 参考游戏

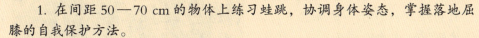

★ **游戏：青蛙跳荷叶**

活动目标

1. 在间距50—70 cm的物体上练习蛙跳，协调身体姿态，掌握落地屈膝的自我保护方法。

2. 在游戏中感受乐趣，锻炼身体。

活动准备

自制荷叶材料（纸皮、夹板或胶垫）。

活动指导

1. 设定范围为"池塘"环境，将"荷叶"铺放在池塘中，之间的距离约为 50—70 cm。

2. 幼儿模仿小青蛙，可边念儿歌边双脚微微张开练习跳跃，从"陆地"跳进"池塘"中的荷叶上，有次序地在荷叶之间跳跃，避免碰撞。

3. 老师可引导幼儿想象小青蛙的生活和各种动态，模仿青蛙在池塘中游泳、嬉戏的动作，投入参与穿插跳跃动作的游戏。

★ 游戏：袋鼠跳

活动目标

1. 练习双脚连续跳、立定跳远，锻炼下肢力量和身体动作的协调性。

2. 在游戏中体验合作的快乐。

活动准备

布制跳袋（也可用米袋替代使用）。

活动指导

1. 幼儿每人取一个跳袋，将双脚套入袋中，双手抓紧袋口，模仿袋鼠双脚连续跳。

2. 设计游戏情境一"袋鼠找朋友"，听指令要求，两个、三个或四个袋鼠跳在一起进行组合，看看哪组最快。游戏情境二"袋鼠过小河"，在地面上画两条相距 50—80 cm 的线，幼儿运用立定跳远的方法，跳过小河，并尝试挑战更远的距离。游戏情境三"快快躲起来"，请一名幼儿扮演野兽，其余幼儿扮演袋鼠在场地中自由跳跃，当野兽出现靠近时，迅速蹲下，将身体藏在袋中，野兽就会离开，谁的动作慢了，未藏好自己，就会被野兽捉住，交换角色继续游戏。

图 3-6　袋鼠跳

★ 游戏：勇敢向下跳

活动目标

1. 练习跨跳、从高处跳下动作，掌握正确起跳距离和从高处跳下的屈膝保护动作。

2. 养成不怕困难、勇敢顽强的精神。

活动准备

高度不同的跨栏、网架（距离地面约 50 cm）、大积木块或桌子（高度 30—60 cm 不等）、海绵垫。

活动指导

1. 创设游戏情境，激发幼儿模仿士兵积极参与训练的热情，进行必要的热身运动，特别是活动好脚踝。

2. 引导幼儿按照路线，依次出发，跨跳过"篱笆"（跨栏），匍匐爬过"铁丝网"（网架），登上"矮墙"（积木块）再双脚并拢跳下，完成动作跑回起点继续游戏。根据幼儿动作掌握情况，适时加高积木块高度或更换为更高的桌子，鼓励幼儿不怕困难，勇于接受挑战，并注意落地动作，学会自我保护。

★ 游戏：斗鸡

活动目标

1. 练习单脚连续跳动作，锻炼下肢力量和身体的平衡性。

2. 体验民间游戏的乐趣和竞争的快乐，养成胜不骄、败不馁的良好品质。

活动准备

粉笔。

活动指导

1. 规划场地，用粉笔画出几个直径约 3 m 的圆圈。

2. 幼儿自选伙伴，两人为一组，进入"斗鸡场"（圈）内，单脚站地，用手抓住另一只抬起的脚，在圈中模仿两只斗鸡，相互用膝盖碰撞。凡一方脚先落地或被赶出圈外的就为输。

一次进圈斗鸡的为一组幼儿，比赛结束，更换下一组进入。提示幼儿碰撞时要注意控制力度，若失去平衡，要学会脚及时落地，懂得保护自己，避免受伤。

3. 经过几轮角逐，幼儿可交换对手继续比赛，看看能赢得几次胜利，鼓励幼儿胜不骄、败不馁。

★ 游戏：跳竹竿

活动目标

1. 灵活运用跨跳、双脚跳、单脚跳的动作，在有节奏的跳跃游戏中增强动作的协调性和灵活性。

2. 感受民间体育游戏的乐趣，体验集体合作的快乐。

活动准备

粗细适合的竹竿10根。

活动指导

1. 将两根竹竿相距约3—5 m放置在地面，请8名幼儿持另外4根竹竿的两端面对面蹲下，架在置于地面的竹竿上，按照一定的节奏进行分合敲打运动。

2. 其余幼儿观察竹竿分合规律变化，选择不同的跳跃动作跳进竹竿阵中，逐条跃过竹竿，顺利通过者可返回起点继续游戏。被竹竿碰到或夹住脚的幼儿则与持竹竿的幼儿交换角色，游戏继续。

3. 提示幼儿竹竿运动的节奏要稳定，不能忽快忽慢。为安全起见，幼儿跳跃过竹竿的速度不要太快，看准再跳。

★ 游戏：跳高触物（铃儿响叮铛）

活动目标

1. 练习原地纵跳和助跑纵跳动作，提高跑跳结合的能力。

2. 在游戏中大胆尝试，挑战触摸不同高度的物体。

3. 在游戏中积极交往，增强集体荣誉感。

活动准备

纵跳触物架挂上不同长度的绳子，绳子上挂有2—3个铃铛（距离地面约1.2—1.5 m）。

活动指导

1. 幼儿分为2—4队。每队排头幼儿依次跑到触物架下，尝试看准目标原地屈膝起跳触摸拍打悬挂的铃铛（只起跳1次），之后返回队尾，循环参与游戏。练习后各队开展比赛，每队派一名记分员统计成功摸到铃铛的次数。

2. 提高游戏难度。幼儿依次出发跑向触物架下，选择适合时机在助跑情况下起跳，尝试拍打悬挂的铃铛，在活动中提高跑跳结合运用的能力。注意提示幼儿助跑、起跳连贯完成，动作不要出现停顿。开展游戏比赛，继续用记分方式统计比赛结果，鼓励幼儿为集体争取胜利，增强荣誉感。

图3-7　跳高触物

（五）平衡游戏区Ⅰ

表3-7　平衡游戏区Ⅰ的活动设置

区域	目　标	活动建议	活动场地	材料投放
5号：平衡游戏	1. 动作协调地在平行线、平衡木、圆柱平衡木、小木桩上行走，身体不左右摇晃，提高上下肢的协调和动态平衡能力。 2. 进行平衡游戏时手脚协调、身体自然放松，身体随重心移动。 3. 体验各类平衡游戏中有一定难度的挑战乐趣，提高接受挑战的胆识和活动安全意识	1. 提醒幼儿抓住动作要领，鼓励幼儿勇敢前进。 2. 对胆子较小、能力较弱的幼儿要注意保护与鼓励。 3. 结合活动对幼儿进行安全教育，培养幼儿的自我保护意识和能力	选择平坦的场地	根据游戏需要投放各类体育器材，如：积木块、绳、木桩、平衡木、圆柱平衡木、斜坡木桥等

参考游戏

★ 游戏：弯弯的小路

活动目标

1. 在间距10 cm的平行线中踮脚走，保持身体平衡和稳定。

2. 能根据场地的变化灵活调整身体动作，发展平衡力和动作协调性。

活动准备

长绳、沙包、积木块若干。

活动指导

1. 幼儿观察用长绳摆成的"弯弯小路"，讨论如何安全通过而不碰到小路的边线。

2. 尝试踮起脚尖，尽量减小脚与地面的接触面积，保持身体的平衡和稳定走过小路。

3. 经过练习后，可在小路上放置沙包、积木块等障碍物提高游戏难度，提示幼儿想办法跨过或踩过障碍而不踩到边线或踩出界。

★ 游戏：小猴子走钢丝

活动目标

1. 动作协调地在平行线、平衡木、木桩上行走。

2. 能模仿不同动物的动作特征，大胆表现。

活动准备

平行线、平衡木、木桩若干，小水桶若干。

活动指导

1. 幼儿站在平衡木（或平行线、木桩）上，边说儿歌边模仿小猴做平衡动作练习。儿歌："小猴子走钢丝，一心想要露一手。先做拍响操，后做抬腿走。做了仙鹤站，又学公鸡走。做个燕展翅，表演芭蕾舞。得意忘了形，摔个大跟头。"说最后一句时跳出平行线或跳下平衡木。

2. 增加游戏难度，如让幼儿提着水桶做平衡练习，比比看谁的身体能保持稳定，避免桶中的水洒出。

★ 游戏：踏石过河

活动目标

1. 能相互配合传递物体，与同伴合作共同完成游戏。

2. 在较小的积木块或垫板上身体平衡地跨步走和稳定站立。

活动准备

面积小于 20×20 cm 的积木块（垫板或报纸均可）若干、起点和终点标志物。

活动指导

1. 从起点出发，摆放"石块"（积木），摆一块就踏上去，后方幼儿继续传递"石头"延续向终点方向摆放成一条路，后方的幼儿也可跟随踏"石"出发并不断传递"石头"，直至最终到达"河对岸"。

2. 根据游戏情况，调整"河"的宽度或"石头"的数量，提示幼儿观察判断，根据实际来调整"石头"的间距，以便顺利到达"对岸"。

3. 各组幼儿可同时出发，展开竞赛，看哪组幼儿配合得好，通过"小河"又快又稳。

图3-8 踏石过河

★ 游戏：金鸡独立

活动目标

1. 能单脚站立，保持身体的平衡。

2. 学会把注意力放在重心脚上，不受外界因素的干扰。

活动准备

沙包若干。

活动指导

1. 念儿歌："大公鸡，喔喔啼，飞上墙头练本领，拍拍翅膀伸伸脚，来一个，金鸡独立。"边念儿歌边模仿公鸡啼鸣、飞舞、伸脚等动作，儿歌结束，幼儿即单脚站立，做金鸡独立动作，比一比谁站得稳，坚持的时间长。

2. 提示幼儿集中注意力，不要受外界的影响，关注自己的脚下，保持好身体的平衡和稳定。

3. 根据游戏情况，增加挑战。让幼儿头顶沙包或将沙包放在抬起的脚上，保持平衡，避免沙包掉下来。

★ 游戏：勇敢的"救护员"

活动目标

1. 练习平稳快速通过地平衡木或圆木，锻炼平衡能力。

2. 培养勇敢、不怕困难和乐于助人的精神，愿意尝试不同的挑战。

活动准备

宽约 10 cm 的平衡木、带斜坡的木桥，直径约 30 cm 的圆木，积木块若干。

活动指导

1. 创设游戏故事情节：在河的对岸，有一群小伙伴"遇险"了，等待"营救"，我们要通过"独木桥"（平衡木），才能到达对岸解救被困的小伙伴。设计单循环路线进行游戏，幼儿依次通过"独木桥"等，到对面"解救"一位小伙伴，并一起按照路线返回。

2. 提示幼儿注意过桥时要站稳、尽快通过，不在桥上停留。根据游戏情况，在平衡木、圆木、斜坡桥上放置积木块，提高难度，鼓励幼儿勇于接受挑战，还可要求"营救"后，两位幼儿要手拉手一起通过障碍返回，保持自身平衡还要注意相互保护。

（六）手推车游戏区

表 3-8　手推车游戏区的活动设置

区域	目标	活动建议	活动场地	材料投放
6号：手推车游戏	1. 锻炼手臂肌肉和肩部肌肉的力量。 2. 在推车、推大球的游戏中，逐步体验保持独轮车平衡和控制大球滚动方向的方法，提高肢体的协调性与灵活性。 3. 积极参与游戏，体验运动、游戏和合作互助的乐趣	1. 提醒幼儿推车时注意保持身体的平稳性，注意推车的速度，不要用力过猛，失去平衡。感受手把对控制平衡和方向的作用。 2. 以游戏的形式激发、调动孩子参与的积极性。 3. 分组循环游戏，注意活动强度与密度的调控，避免等待过久的现象	选择平坦的场地或有一定起伏变化的草坡均可	手推车、独轮车、直径约 50 cm 的大球；辅助材料：积木、纸盒、雪糕筒、斜坡器材等

参考游戏

★ 游戏：小小快递员

活动目标

1. 能推动手推车按照直线行进和折返。

2. 积极参与游戏，体验运动、游戏的乐趣。

活动准备

手推车4—6辆，纸盒（模拟货物）若干，雪糕筒4—6个。

活动指导

1. 幼儿分为4—6队由起点出发，将快递包裹装上车，推着手推车沿直线前进，到达送货点（雪糕筒）的位置，将货物放下后沿原路返回起点，将车交给下一位幼儿，游戏循环继续，直至包裹送完为止。可以通过小竞赛方式看看哪队最先将包裹发送完。

2. 提示推车幼儿控制好车的行进方向，车速不要过快，掉头时尽量靠近雪糕筒绕行，避免撞到旁边的同伴。

★ 游戏：超市大采购

活动目标

1. 练习两人合作推车和搬运、装卸货物。

2. 协调两人合作推车的方向控制方法，在合作游戏中体验互帮互助的快乐。

活动准备

手推车3—4辆，纸盒、瓶罐（模拟超市商品）若干。

活动指导

1. 在一个圆形或正方形场地边沿设置3—4个起点，每个起点处两名幼儿为一组，听口令合作推车出发，进入场地中央的"超市"，在一定的时间限制内，以最快的速度搬运商品装入车内并顺利返回起点的为胜，较慢的组则需要交换角色给下一组幼儿参与，游戏循环继续进行。

2. 提示幼儿：推车时要注意安全，且必须两人合作一起推，控制好方向和速度。

★ 游戏：车轮滚滚

活动目标

1. 学习推独轮车，逐步掌握控制车的平衡和前进方向的方法。

2. 尝试绕着障碍物推独轮车曲折行进，建立坚持就是胜利的信心。

活动准备

独轮车 4—6 辆，雪糕筒（模拟树木）若干。

活动指导

1. 将四散摆放的雪糕筒想象成一片树林，幼儿分为 4—6 组迎面相距约 10 m 排队，依次推动独轮车，绕过树林向对面曲折行进，到达对面后将车交接给对面的幼儿，游戏继续。

2. 提示幼儿尝试依靠调整车把的方向，或灵活地跑动来控制独轮车的平衡与前进方向。鼓励幼儿坚持到底，不怕困难，在游戏中体验成功的快乐，增强自信心。

图 3-9　学推独轮车

★ 游戏：勇闯难关

活动目标

1. 练习推独轮车通过斜坡，控制好车的方向与速度。

2. 在游戏中锻炼上肢力量与身体协调性。挑战难度，增强自信心。

活动准备

独轮车 4 辆，斜坡道具两组，雪糕筒 8 个。

活动指导

1. 幼儿依次推动独轮车从起点出发，沿着单循环路线，经过两座小山坡，绕过树桩等障碍返回起点，将车交给等待幼儿，游戏继续。

2. 提示幼儿在过山坡时，车要走在中间，避免掉下来。上坡时要适当加力，下坡时要放慢速度，避免翻车。

★ 游戏：滚雪球

活动目标

1. 练习左右手交替推动大球前进，并注意控制方向和速度。

2. 锻炼肩部肌肉灵活性和双手动作的协调。

活动准备

直径约 50 cm 的大球 4—6 个，沙包若干。

活动指导

1. 幼儿分为 4—6 组排队，依次滚动大球前进，到达对面绕过雪糕筒原路返回，将大球交给等待幼儿，游戏继续，循环进行。

2. 提示幼儿球不能离手，不可用力推动让大球自己滚动向前。

3. 待幼儿对滚球动作熟练后，增加难度，在场地中四散放置多个沙包，幼儿需要推动大球压过这些沙包前进，要注意控制好大球，避免颠簸后方向的改变。

（七）走跑游戏区

表 3-9　走跑游戏区的活动设置

区域	目　标	活　动　建　议	活动场地	材料投放
7号：走跑游戏	1. 学习各种走的动作：前脚掌走、后跟走、高抬腿走、蹲着走、后退走、协同走、障碍走等，增强小腿及脚掌的力量，提高肢体的平衡能力。 2. 学习各种跑的动作：直线快跑、侧身跑、绕障碍跑、折返跑、变向跑、后退跑、交叉跑、跨步跑、高抬腿跑等，增强下肢力量，提高肢体协调性和快速反应的能力。	1. 以游戏的形式组织活动，避免单一化的训练。 2. 注意跑道的安全性，可进行隔道安排，避免相互碰撞。 3. 练习时要做好充分的示范，终点设置缓冲区，做好安全保护。 4. 关注个别能力较弱的孩子，适当调整运动密度与强度。	软地跑道	雪糕筒、大体操圈、小体操圈、跨栏、轮胎、接力棒、跳袋、拱门、小旗、浮板木质斜坡等。 自制材料：滚筒、木制脚板条、巾盒制作的"大鞋"、动物触板、荷叶板等

续 表

区域	目　标	活动建议	活动场地	材料投放
	3. 体验走跑类运动的相通之处，提高运动的兴趣，增强不怕困难、勇于创新的意识。			

 参考游戏

★ 游戏：穿大鞋

活动目标

1. 练习排队走路，提高节奏知觉能力。

2. 能与同伴协同合作，有竞争意识。

活动准备

1. 能容纳 3 双小脚的脚板条 6 条，能容纳 2 双小脚的脚板条 6 条。

2. 纸巾盒制作的"大鞋" 10 双。

3. 雪糕桶 2 个。

活动指导

1. 活动前要做好腿部的热身运动。

2. 低年龄段的幼儿可以选择纸巾盒制作的"大鞋"进行竞走游戏；高年龄段的幼儿可选择两人脚板条或三人脚板条进行游戏。

3. 在自由练习的过程中，要提醒幼儿在协同走时注意脚要贴地平移，整齐一致，注意力在脚上，中途如鞋脱落，应穿好鞋再走。

4. 待幼儿熟练后，可进行小组合作游戏。分成 3 人 1 组，穿上大鞋后分别站在起点，听信号出发，最先到终点的获胜。

★ 游戏：点鞭炮

活动目标

1. 练习 10 米折返跑。

2. 能迅速反应，提高动作的灵敏性。

活动准备

1. 小型雪糕筒 15 个。

2. 粉笔 1 支。

3. 便利贴一叠。

活动指导

1. 活动前要做好腿部的热身运动。

2. 把小型雪糕筒作为鞭炮，引导幼儿模仿点燃鞭炮的动作，提醒幼儿手一碰触"鞭炮"就要马上往回跑。雪糕筒的放置距离从 2 米、4 米、6 米、10 米逐步递进。

3. 在活动中注意融入幼儿的生活安全教育。

4. 可把幼儿分成 6 人 1 组，进行小组 10 米折返跑竞赛。把便利贴作为"点火器"，每位幼儿手持"点火器"快跑到 10 米"鞭炮"处，把"点火器"贴在"鞭炮"上马上往回跑。看哪一组最快把"点火器"贴完为胜利。

★ 游戏：小小压路机

活动目标

1. 练习持物走、跑，掌握持物移动的能力。

2. 能克服困难，学会找到保持身体平衡的方法。

活动准备

1. 自制压路机 20 个。

2. 奶粉罐 12 个。

3. 10 米长的绳子 2 条。

活动指导

1. 开始部分：幼儿自由在场地内推动"压路机"，鼓励幼儿体验"压路机"不同的使用方法：推、拉、转等。

2. 要做好幼儿的安全教育，提醒幼儿要把"压路机"控制好，双手不能离开，行走时注意不要相互碰撞。

3. 把活动场地分为两个部分：一部分是利用奶粉罐设成"小树林"，引导幼儿推着"压路机"S形穿过"小树林"；一部分是利用两条10米长的绳子摆成宽50厘米的小路，引导幼儿推着"压路机"平行走过小路。

图3-10 负重爬行

★ 游戏：老狼老狼几点钟

活动目标

1. 发展直线追逐抓跑能力。
2. 能灵活地躲闪走跑。
3. 培养勇于挑战、敢于竞争的精神。

活动准备

1. 老狼的头饰2个。
2. 大体操圈20个。

活动指导

1. 游戏前要做好热身运动。

2. 一人扮演老狼，站在"家"（大胶圈）前2米，其余幼儿扮演小羊站在"家"里。游戏开始后，小羊从"家"里走出来问"老狼"："老狼老狼，几点钟？""老狼"回答："×点钟。"小羊和老狼连续问答。当老狼说"天黑了"时，老狼转身追逐，小羊快速往家跑。小羊跑到家，即不能再追逐了。被抓到的小羊要停止游戏一次。

3. 游戏变换方法：①逐渐减少"家"的数量，鼓励幼儿互相帮助，想办法回到"家"。②变直线追逐为四散跑。③可变追逐跑为追逐跳，变化不同的角色。

★ 游戏：划龙舟

活动目标

1. 练习持物品跑的动作，提高手与脚的协调和灵活性。
2. 共同享受民间体育游戏带来的乐趣。

活动准备

1. 椅子（人手一张），四色小旗各1面。
2. 自制（布）龙船4条。

活动指导

1. 听到老师说"开始"，每一组幼儿坐在椅子上模仿划龙舟动作。队伍最后的一个小朋友马上搬起椅子跑到队伍最前面坐下，最前面的幼儿则持旗示意一下，坐在最后面的小朋友看到旗举起后便马上搬椅子出发继续向前，小旗也要继续向前一个幼儿传递。看看哪条"龙舟"划得最快，最先到达终点。

2. 在起点线后排齐坐好，先进行游戏练习，在练习过程中，老师巡回指导"船头"最先到达终点线为胜。提示幼儿注意持椅子跑的安全事项，遵守规则，一定要看到小旗举起后最后一位幼儿才能出发，注意及时传递小旗，"龙舟"向前前进时，椅子间距不能太远，要保持合理的距离。练习两遍，待幼儿清楚规则并熟练游戏后，开始龙舟竞赛，以哪条"龙舟"最守规则、团结合作好，并最快到达终点为胜。

3. 利用（布）龙船进行小组合作竞赛。

图3-11　亲子龙舟赛

★ 游戏：石头、剪刀、布

活动目标

1. 发展直线追逐抓跑能力。

2. 在追逐过程中能灵活地躲闪，学会自我保护。

活动准备

粉笔 2 只。

活动指导

1. 在场地内画两条相距 20—30 m 的平行线为安全线，两线的中间画两条相距 1—1.5 m 的平行线为起跑线。

2. 幼儿分为两组，分别站在起跑线的两侧，面相对，一人对一人。用石头、剪刀、布猜拳法决定胜负，胜队追，败队逃。过安全线后即不准再追。

3. 捉住一人得一分，累计分数多的队获胜。

4. 在游戏过程中，不能用力拍打或推拉对方。

（八）攀爬游戏区

表 3-10　攀爬游戏区的活动设置

区域	目标	活动建议	活动场地	材料投放
8号：攀爬游戏	1. 学习各种爬的动作：手膝着地爬、手脚爬、匍匐爬、横爬；锻炼上下肢与背部、腰腹肌肉的力量。 2. 手脚协调、身体自然放松，身体随重心移动，攀上攀登墙，加强手臂力量，增强手脚协调配合。 3. 体验攀爬运动的乐趣，提高接受更高挑战的胆量和自信。 4. 培养和提高客观评价自己能力与预测活动安全的意识	1. 攀爬墙下放设体操垫作为保护，孩子攀爬时给予保护，可通过儿歌增加兴趣，多鼓励和表扬孩子。 2. 提醒孩子控制速度，避免失去平衡。 3. 提示孩子攀爬时手要抓紧，提高孩子的安全意识	风雨操场	攀爬墙、攀登架、软垫、拱门、轮胎、竹梯

参考游戏

★ 游戏：挑战攀爬墙

活动目标

1. 学习手脚协调地在攀爬墙上爬上爬下。

2. 体验攀爬的乐趣。

活动准备

体操垫6张，攀爬墙的顶端放置小红旗。

活动过程

1. 活动前先引导幼儿观察攀爬墙的落脚点，提出安全要求。

2. 游戏幼儿分成4个小组，每次每队派一位队员攀登，爬到攀爬墙的最高点拿到红旗为胜利。

3. 提醒幼儿在攀登时，身体要放松，重心随攀登动作转换移动，身体尽量贴近攀岩墙。用手抓紧攀岩墙凸起部分，手脚协调配合。

★ 游戏：灵活的"小猴子"

活动目标

1. 通过攀、爬练习，提高四肢的灵活性与协调性。

2. 培养克服困难的勇气，体验活动的乐趣。

活动准备

1. 攀爬墙、大软垫4张。

2. 自制山洞2个。

活动指导

1. 进行攀爬游戏前一定要做好相应的热身运动。

2. 过草地：领用小软垫和自制山洞组合，幼儿自由选择"过草地"的方式，可以手膝着地爬、匍匐爬等。

3. 过竹桥：手脚协调，保持平衡上下桥爬行。

4. 翻山（攀爬墙）：手要抓牢，脚要往上蹬。手要抓紧支点，脚要踩到支撑点后慢慢移动。

★ 游戏：有趣的溜溜布

活动目标

1. 能积极参与牵拉、拖、抓等上肢动作的练习。

2. 能与同伴团结协作、乐于接受挑战。

活动准备

100×50 cm溜溜布若干（光滑且结实的布料），10米溜溜布1—2条，轮胎（用于固定布条）。

活动指导

1. 引导幼儿利用溜溜布一物多玩（走、跑、抛接、挥舞、爬等）。

2. 引导幼儿发现溜溜布的光滑特性，将小块溜溜布铺在长条溜溜布上，利用上下肢的力量使身体滑行。

3. 鼓励幼儿合作游戏，探索溜溜布更多、更有趣的玩法。

图3-12　溜溜布

（九）平衡游戏区Ⅱ

表3-11　平衡游戏区Ⅱ的活动设置

区域	目　标	活 动 建 议	活动场地	材料投放
9号：平衡游戏	1. 练习在直线、斜坡、有间隔物走道上行走，不左右摇晃、不出界，提高上下肢的协调和动态平衡的能力。 2. 能踩高10 cm的高跷往前走，保持身体平衡，提高动作的协调性和灵活性。 3. 大胆踩在高跷上做各种运动，提高对传统活动踩高跷的兴趣，增强创新意识	1. 根据场地设计活动，提高孩子的参与度。 2. 可结合民间儿歌进行游戏，增加孩子活动的兴趣。（语言领域） 3. 提醒孩子注意活动速度，保持安全距离活动	风雨操场	四轮平衡车、高跷、羊角球、铁环、小斜坡、软垫、绳、拱门、自制山洞、眼罩、平衡触角板

参考游戏

★ 游戏：四轮平衡车

活动目标

1. 学习手脚协调地踩平衡车。

2. 自觉遵守游戏的规则，懂得交通规则。

活动准备

四轮平衡车 25 辆，红绿灯标志。

活动指导

1. 使用四轮平衡车时注意提醒幼儿手脚要一致，同时要找空旷的位置，不相互影响为宜。

2. 在幼儿操纵自如的情况下可以加入情景游戏，如：按信号或路线前进。

★ 游戏：羊角球

活动目标

1. 坐在羊角球上运动能保持身体的平衡。

2. 体验活动的乐趣。

活动准备

羊角球 25 个，雪糕筒 8 个。

活动指导

1. 在玩羊角球时注意提醒幼儿保持身体的前倾，并要教会幼儿身体失去平衡时，第一时间用手臂撑地，懂得自我保护。

图 3-13 快乐羊角球

2. 引导幼儿创新羊角球不同的玩法，可以坐着跳，可以趴在球上手撑地、双脚离地，可以弹球、滚球等，玩法多样。

★ 游戏：滚铁环

活动目标

1. 学会滚铁环的技巧，提高手眼协调能力。

2. 共同享受民间体育游戏带来的乐趣。

活动准备

铁环人手一套，雪糕桶8只。

活动指导

1. 幼儿在滚铁环时要把握铁环的重心，持铁钩的手用力适度，左右摆动也应得当。要掌握好路面凹凸情况。

2. 初学时，先将铁环向前转，然后赶快拿"车把"推其向前走，不倒就行。

3. 技术好的人，单手拿铁钩将铁环往前一送，铁环就乖乖转动起来。滚在路上也能"停车"，即铁环斜靠在"车把"上，要滚时弯钩轻轻起动就行。

4. 待幼儿熟练掌握后可进行比赛，并在幼儿一日生活过渡环节中可以让孩子们自由地进行此项活动，丰富幼儿的游戏内容。

★ 游戏：小猴走钢丝

活动目标

1. 能平稳地通过宽20 cm的平衡木。

2. 乐于模仿猴子的动作，大胆表现。

活动准备

1. 平衡木2条。

2. 大型积木10块。

3. 儿歌：金丝猴，走钢丝，一心想要露一手。先做拍响操，后练抬腿走。做了仙鹤站，又学公鸡走。做个燕展翅，表演芭蕾舞。得意忘了形，摔了大跟头。

活动指导

1. 可先让幼儿在平地创编或学习平衡动作。

2. 幼儿站在平衡木上，边说儿歌边做平衡练习。儿歌："金丝猴，走钢丝，一心想要露一手。先做拍响操，后练抬腿走。做了仙鹤战，又学公鸡走。做个燕展翅，表演芭蕾舞。得意忘了形，摔了大跟头。"说到最后一句时跳下平衡木。

3. 平衡动作可由老师编，也可让幼儿独立想。

★ 游戏：熊猫滚坡

活动目标

1. 掌握向前滚翻动作，增强位觉和抗眩晕能力。

2. 培养勇敢精神。

活动准备

1. 小软垫6张。

2. 小斜坡2个。

活动指导

1. 练习前要活动颈部。

2. 先在软垫上练习前滚翻，练习时，老师要从旁保护，可一手按其后脑，一手托其臀部，注意使幼儿后脑勺先着垫向前滚动。

3. 在斜坡上练习滚翻便于幼儿掌握滚翻动作，但坡度要小。

4. 初步掌握动作后可做腿前滚翻，前滚翻成跪立，抱球前滚翻。

★ 游戏："盲人摸象"

活动目标

1. 增强本体觉、方位感和听觉机能，提高平衡能力。

2. 学会倾听，形成习惯。

活动准备

眼罩30个。

活动指导

1. 幼儿分成2组，分散站在大圆圈内。

2. 各组用猜拳法决定谁先当"盲人"。2人自行决定相互联系的听觉信号（鸟叫声、击响声或歌声）。

3. 游戏开始后，当"盲人"的幼儿蒙上眼睛或闭目，其他幼儿躲在圆圈内任一地点。"盲人"听到"刮风了"后，原地旋转3圈，然后听声音找同伴，找到同伴后双方交换游戏。

4. 发出声音的幼儿不能随意移动位置。

（十）综合游戏区

表3-12　综合游戏区的活动设置

区域	目　　标	活　动　建　议	活动场地	材料投放
10号：综合游戏	1. 能在斜坡上平稳地走、跑、爬。 2. 能与同伴协商制定游戏规则，并能自觉遵守游戏规则。 3. 遇到困难能够坚持，体验成功的喜悦	1. 上斜坡时，头正，眼往前上方看，两臂自然摆动或侧平举。两脚脚尖朝前，交替向前迈步，动作自然放松，跑时身体要稍前倾，步幅要比平时小些。 2. 下斜坡时，头正，眼往前下方看，两臂自然摆动或侧平举。两脚脚尖朝前，交替向前迈步，动作自然放松，跑时身体要稍后倾，步幅要比平时小些，控制下坡跑的速度。	软地操场	滚筒、大塑料圆环、呼啦圈、小旗、羽毛球拍、网球拍、荷叶板、浮板、跳跳袋、触觉半球、太极平衡盘、保龄球、跨栏、链球、小飞鱼、大象套圈

续　表

区　域	目　标	活　动　建　议	活动场地	材料投放
10号：综合游戏		3. 根据草地的地理位置及特点，开展丰富多样、适合幼儿年龄特点的各种身体活动，如走、跑、跳、爬等，鼓励幼儿坚持下来，不怕累		

参考游戏

★ **游戏：好玩的纸箱**

活动目标

1. 在游戏中练习躲闪、跑、蹲的动作。

2. 增强规则意识，根据指示有序游戏。

3. 感受游戏带来的愉悦。

活动准备

箱子若干、胶锤子5个。

活动指导

1. 把纸箱平铺在地上，引导幼儿沿纸箱向上爬行。

2. 玩打地鼠游戏，把纸箱撑开作为山洞，部分幼儿当地鼠躲在纸箱内，请5位幼儿分别拿着胶锤子，当看到躲在箱子里的"老鼠"伸出头来时，马上往他的头顶锤，被锤到的幼儿将停止玩一次游戏或和拿锤子的幼儿交换角色。饰演"地鼠"角色的幼儿，能力强的（如大班的幼儿）可以允许其在游戏中提着箱子挪动并躲闪。

★ 游戏：双龙汇

活动目标

1. 学习舞龙的基本动作。

2. 能与同伴相互合作，体验合作的乐趣。

活动准备

稻草、竹筒或雪碧瓶制作的"龙头"，再制出"龙身"（稻草"龙身"，用稻草扎成大约 20 cm 长的草扎若干个，中间穿上一根绳子）。

活动指导

1. 用小竹竿或木棍插进"龙头"、"龙身"，让幼儿举着舞，做出双"龙"嬉戏的花式。

2. "龙身"可独立，也可以进行连接。活动开始时可引导幼儿进行独立操作，等幼儿熟练后可进行组合，提高幼儿的集体意识和协同能力。

★ 游戏：老鹰捉小鸡

活动目标

1. 练习躲闪的走跑，提高反应能力。

2. 体验集体团结协作的乐趣。

活动准备

老鹰、母鸡头饰各 3 个。

活动指导

1. 游戏开始，教师带领幼儿念儿歌："哥哥、弟弟、姐姐、妹妹，来来来，来游戏。"接着母鸡和小鸡一起念："我做一只小鸡，叽叽叽，叽叽叽，吃白米。"接着老鹰念："我做老鹰转个圈，一把捉住你。"念完儿歌后，老鹰即设法从两侧去捉排尾的小鸡。母鸡可用两臂阻挡老鹰，保护小鸡不被捉住。小鸡可两边躲闪协调地逃跑。

2. 小鸡被老鹰捉住，离开场地暂停一次游戏。教师要随时掌握幼儿的运动量，若幼儿连续奔跑超出一分钟，老鹰还捉不到小鸡，教师（猎人）即发出"碰"的枪声，老鹰听到枪声后，立即原地蹲下，表示被猎人吓跑，其余小鸡拍手，表示高兴。游戏可调换角色，重新开始。

★ 游戏：陀螺总动员

活动目标

1. 发展手眼协调能力。

2. 体会民间传统游戏的乐趣。

活动准备

陀螺 20 个。

活动指导

1. 先将鞭上的绳子缠在陀螺的上部，缠紧，随后用手按住，另一只手拿鞭子，用力拉绳，同时松开按陀螺的手，当陀螺在地上转了起来以后，再用鞭子顺着抽绳子的方向去抽打陀螺。

2. 当幼儿熟悉后，可开始进行打陀螺比赛。幼儿一起准备，听教师发出"开始"口令，一齐抽打陀螺，看谁的陀螺转得最久即获胜。

3. 在活动中注意加强幼儿的安全教育，提醒幼儿不能相互干扰。

★ 游戏：赤足乐

活动目标

1. 通过赤足活动，感受不同材料对脚的刺激性。增强脚底部肌肉的灵敏性。

2. 体验赤足活动的乐趣，养成活泼、开朗的性格。

活动准备

1. 活动场地内塑料玩具、沙包、纸团、积木铺满地，塑料篮子 4 个，报纸、小椅子每人一张。

2. 检查场地是否安全。

活动指导

1. 开始部分：孩子们边念儿歌边做脚部的准备动作。

儿歌：小脚小脚走走，我的小脚走走走，

小脚小脚踏踏，我的小脚踏踏踏，

小脚小脚踮踮，我的小脚踮踮踮，

小脚小脚伸伸，我的左（右）脚伸伸伸，

小脚小脚转转，我的左（右）脚转转转，

小脚小脚跳跳，我的小脚跳跳跳，

小脚小脚跑跑，我的小脚跑跑跑。

2. 孩子们自己用脚玩各种物品，可以踢、夹着抛、跳等，鼓励孩子们开动脑筋，想出不同玩法。要求：只能用脚玩，不能用手。

3. 引导幼儿用脚收拾场地。

图 3-14　赤脚走

（十一）投掷游戏区

表 3-13　投掷游戏区的活动设置

区域	目　标	活 动 建 议	活动场地	材料投放
11号：投掷游戏	1. 学习各种投掷的动作：滚接球、滚球击靶、拍球、双手胸前投篮、正面单手肩上投掷、侧身投远。增强手臂、手腕有关关节的力量，发展目测能力和动作的准确性。 2. 在活动中能躲避他人滚过来的球或沙包，提高身体的灵活性和协调性。 3. 当发生冲突时，尝试用协商、交换、轮流玩、合作等方式解决冲突	1. 肩上投掷沙包是投掷的重点，注重形成正确的动作姿势，不要因单纯追求投远而忽视动作的要求。 2. 组织幼儿进行投掷动作游戏时，可多采用击吊球、投球过绳等条件练习法进行。教师要帮助幼儿学会正确的动作。 3. 投掷练习前应注意做好充分的准备活动，特别要多活动肩、腰。投掷沙包时要注意安全，不要面对面进行	休闲区（硬地）	自制城堡（纸箱）、纸球、安全帽、沙包、手榴弹（报纸球）、网球

参考游戏

★ 游戏：熊出没

活动目标

1. 掌握肩上投掷技巧。

2. 提高投掷水平和投掷兴趣。

3. 能愉快并积极参与游戏活动，能自觉遵守游戏规则。

活动准备

自制城堡（纸箱）、纸球、安全帽。

活动过程

1. 请2至3名幼儿当光头强，剩下的幼儿当小动物，为了保护森林，不让光头强把森林里的树砍掉，小动物们联手保护森林。

2. 当光头强走进森林时，小动物们手持纸球，投向光头强。如光头强躲进城堡里，小动物们则需停止攻击。

图3-15　投掷活动

★ 游戏：喂小鸭

活动目标

1. 练习肩上投掷动作，提高投准能力。

2. 体验合作的乐趣。

活动准备

1. 画有鸭子的大篮子10个。

2. 沙包若干。

3. 奖牌若干个。

活动指导

1. 画一个大圆圈做池塘，内放若干画有鸭子的大篮子。幼儿人手一个沙包当面包，围在池塘边。

2. 游戏开始后幼儿边围着"池塘"学鸭走边说："小鸭小鸭叫嘎嘎，肚子饿了吃点啥？送你一个大面包，吃饱肚子别叫啦。"说完转身把"面包"投向"鸭子"。

3. 投中 5 个可以获得一面奖牌。幼儿必须在圈外投。

★ 游戏：砸苍蝇

活动目标

1. 练习投掷能力，能够投掷过一定的高度。

2. 喜欢参加体育运动，乐于参加集体活动。

活动准备

1. 苍蝇压膜图片。

2. 绳子。

3. 手榴弹（报纸球）。

活动指导

1. 把苍蝇挂在绳子上，绳子要有一定高度，幼儿用手榴弹打苍蝇，苍蝇身上有铃铛可以响。

2. 教师示范投掷动作。投掷动作：双腿前后分开，手臂弯曲过肩，转身后用腰部用力，投掷。

3. 幼儿投掷过高线打到苍蝇。强调投掷往高处扔，过高线。根据幼儿投掷情况练习 1—2 次。

★ 游戏：投弹

活动目标

1. 发展投准能力。

2. 喜欢参加体育运动，乐于参加集体活动。

活动准备

1. 自制靶杆 3 个。如图：

2. 绳子。

3. 网球若干。

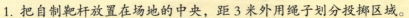

活动指导

1. 把自制靶杆放置在场地的中央，距 3 米外用绳子划分投掷区域。

2. 教师示范投掷动作。投掷动作：双腿前后分开，手臂弯曲过肩，转身后用腰部用力，投掷。

3. 幼儿投掷时要站在投掷区域，教师可根据幼儿的实际情况调整投掷距离。

★ 游戏：投过制高点

活动目标

1. 掌握肩上投掷的动作要领。

2. 培养合作能力。

活动准备

1. 小飞鱼（飞碟）若干。

2. 绳子 2 条。

活动指导

1. 把绳子绑在两树之间，形成投高点。

2. 引导幼儿单手投掷越过绳子。

3. 可以单向投掷或是面对面双向投掷。

4. 幼儿必须站在投掷线后投掷。

（十二）探究游戏区

表3-14 探究游戏区的活动设置

区 域	目 标	活 动 建 议	活动场地	材料投放
12号：探究游戏区	1. 掌握各种活动器械的不同玩法，发展钻、爬、滚等动作技能。 2. 能遵守游戏规则，根据示意图有序地进行活动。 3. 勇于接受挑战，能坚持完成自己的任务。	1. 幼儿进行练习时，教师要多鼓励，注意安全，加强保护，适时予以必要的帮助，让幼儿体会动作要领。 2. 合理利用好场地与材料，合理安排活动项目，加强幼儿的安全教育	鹅卵石戏水池	轮胎、垫子（长的、短的）、长梯、绳网、小型泡沫积木若干、雪花片、网兜

 参考游戏

★ 游戏：勇敢的小兵

活动目标

1. 能身体直立走过竹梯（可手扶着竹梯，手脚协调慢慢地爬过竹梯），提高动作的协调性和灵敏性。

2. 能积极参与体育活动，能遵照游戏的规则和要求开展活动。

3. 形成勇敢、自信、不怕困难的良好品质。

活动准备

轮胎、垫子（长的、短的）、长梯、绳网等。

活动指导

1. 讲解各种器械的玩法，行走的路线。钻过绳网——登上小山——爬过梯子——滚过长垫——匍匐爬过垫子——爬过梯子。

2. 注意事项。钻：钻过绳网时要弯腰、低头，头不要碰到绳网。登山：注意眼看前方，沿着台阶一级一级上去。爬梯：手要紧握梯子的两边，脚要踩

图3-16 小小兵们进行汇报展示活动

稳。双脚站在梯子的两边走过梯子。滚：要抱头、侧身滚。爬：① 手脚着地爬。② 匍匐爬：要身体与腿平贴垫子，两手用力向前支撑身体移动。③ 幼儿进行练习，老师及时按幼儿不同年龄特点进行指导。

★ 游戏：水娃娃

活动目标

1. 愿意亲近水、喜欢玩水，逐渐熟悉水性。

2. 了解玩水活动的游戏规则。

活动准备

1. 幼儿已在水槽或脸盆里运用工具玩过水的游戏，对水性有一定的了解。

2. 与幼儿人数相等的小型泡沫积木若干、雪花片若干、毛巾若干、拖鞋若干。

3. 录音机一架、音乐若干段。

4. 清洁的游泳池，水深至幼儿小腿处。若干布袋悬挂在游泳池内侧。

活动指导

1. 扮演角色，活动身体，幼儿跟着老师听音乐做水娃娃律动操。

2. 交待游戏规则，到游泳池要注意：先把脚上的拖鞋整齐地放在一边，然后从楼梯上一个跟着一个走下去，找一个空位置站好，等小朋友们全下来了再玩。

3. 提供材料，幼儿自由在水里行走，体验玩水的快乐。教师敲击铃鼓，在水池边上不断改变站立的位置，幼儿听教师信号，在水中扮演各种动物角色进行活动。

"小鸟，小鸟快快地飞。"

"乌龟、乌龟慢慢地爬。"

"大象、大象请你们从水中走过来。"

"所有的小兔都跳过来。"

教师启发："现在水池里有很多积木和雪花片，我们水娃娃想办法把它们抬起来送回到布袋袋里去。"

教师把泡沫和雪花片撒进池内，幼儿自由寻找并放入布袋内。游戏可重复多次。

4. 游戏结束，放松身体。

游戏结束，幼儿依次爬上游泳池，每人用毛巾擦干自己的身体，换好衣服和鞋子，在阴凉处或教室里听音乐休息。

★ 游戏：打捞工人

活动目标

1. 愿意亲近水、喜欢玩水。
2. 学会根据物品进行分类。

活动准备

各类体积较大的玩具（塑料、木制、铁制均可），带长柄的网兜，塑料大筐2只。

活动指导

幼儿分成两组，各占池的一侧。游戏开始，幼儿迅速用网兜先打捞浮在水面上的物品，然后打捞沉入水底的物品，打捞上的物品放入筐内。规定时间内，比较两组筐内的物品，多的一组为优胜。

★ 游戏：投球入圈

活动目标

1. 练习投准能力。
2. 培养竞争意识。

活动准备

1. 呼啦圈4只，固定在池中，标有1—4数字号码的皮球若干。
2. 网兜1只。

活动指导

1. 幼儿分成人数相等的4个组，第1组拿1号球，第2组拿2号球，依次类推。分4个方位面向池中心站好。

2. 游戏开始，各组幼儿一个接一个从四个方向朝池中4个呼啦圈内投球。

3. 一轮投完后，教师用网兜捞出球，统计呼啦圈内的球号，哪个号多，相应的队就获胜。

图3-17　投圈游戏

★ 游戏：拨水推球

活动目标

1. 愿意亲近水、喜欢玩水，逐渐熟悉水性。

2. 了解玩水活动的游戏规则。

3. 能在水中保持身体的平衡。

活动准备

大号篮球8只，乒乓球拍若干，红带子1根。

活动指导

1. 幼儿分为两组，用红带子将水池一分为二。

2. 在双方场地池边各放4只篮球。

3. 游戏开始，双方都用球拍拨水，将篮球推向对方场地，同时不让对方的球进入自己场地。五分钟后，哪方场地内的球少，哪队就获胜。

（十三）玩沙游戏区

表3-15 玩沙游戏区的活动设置

区域	目标	活动建议	活动场地	材料投放
13号：玩沙游戏	1. 感知沙子的流动性和可塑性。学习深挖、堆、压、拍等技能。 2. 能遵守玩沙规则，不扬沙、扔沙。 3. 大胆动手创作，体会成功的喜悦	1. 活动前，教师要做好孩子的安全教育。包括：① 提醒幼儿在活动过程中要遵守玩沙规则，特别是不扬沙、扔沙。② 教育幼儿当沙子不慎进入眼睛后，要立刻眯眼或是眨眨眼睛，并马上告知老师。老师马上带孩子到医务室进行处理。③ 教育幼儿玩沙子时不要在沙坑里乱扔垃圾，弄脏沙坑；玩完后，别人的工具要送还，并说"谢谢"，自己的工具要记得清理收回。 2. 提醒幼儿玩沙后要整理好自己的衣物、鞋子，并注意手脚的清洗。 3. 利废利旧，为孩子提供不同质地的辅助材料，如：牛奶杯、小木棍、小木板、树枝、胶花等。鼓励幼儿大胆想象，动手操作	沙池	铲子、小桶、小推车等，以及辅助材料，如：小树枝、木板、塑料空瓶、小动物玩具、小汽车等

 参考游戏

★ 游戏：小小建筑师

活动目标

1. 感知沙子的特点，能利用各种工具进行沙中建构，掌握压、垒、挖、铲等技巧。

2. 能主动参与，乐于与同伴交往和合作。

活动准备

玩沙玩具、冲洗池等。

活动指导

1. 引导幼儿正确取放和使用沙具，按照需要拿取沙具。

2. 教育幼儿在游戏时能有礼貌地与他人商量着玩。

3. 活动后将沙具上的沙子敲干净再按规则摆放整齐，洗干净手、脚和清理干净身上的沙子后方可离开游戏区。

4. 引导幼儿按主题创作：如公园、地铁站、山坡小河等。

图 3-18　堆沙游戏

★ 游戏：沙子的秘密

活动目标

1. 通过分离、挖、塑造、经验回忆等方式，感知探索沙轻、细小、不溶于水及加水后容易塑型的特性。

2. 能遵守玩沙的规则，形成良好的卫生习惯。

活动准备

玩沙工具一筐，水若干桶，纱布、吸管若干。

活动过程

1. 运用沙子宝宝的秘密这个话题引起幼儿活动的愿望。

2. 运用各种工具，引导幼儿用不同的感官感知沙的特性。

图 3-19　挖沙活动

图 3-20　沙池里的合作游戏

（1）用纱布分离出小石子和细沙，并通过触摸、抓捏感受和体验沙细小的特点。

（2）用吸管吹一吹干沙，体验沙轻的特点。

（3）把筛出的细沙倒入水桶中，通过观察和搅拌体验沙不溶于水的特点。

3. 组织幼儿积极讨论玩沙活动中的发现。

4. 再次玩沙，引导幼儿用水把沙浇湿，观察沙子遇水后结块的变化。

往沙箱中倒入水，用手感知干沙与湿沙的区别，干沙轻，不易捏合；湿沙重，易捏合。

小结：沙子可以和水一起玩，那么我们小朋友也可以利用水和沙子一起做游戏！

5. 组织幼儿分组进行小组造型，体验干沙和湿沙的任意造型。

幼儿自由分组玩沙，教师适当引导，帮助能力弱的幼儿共同完成本次任务。

活动结束

1. 评价幼儿的表现。

2. 整理玩沙工具，洗手洗脚。

★ 游戏：小杂技演员

活动目标

1. 练习用头或手背顶着沙袋在沙池或高为 30 cm 的平衡木上行走，发展平衡能力。

2. 通过以大带小的合作形式，激发作为哥哥姐姐的责任感。

活动准备

1. 小沙袋两个。

2. 沙池。

3. 平衡木。

活动过程

1. 大班幼儿在沙中练习沙中接力，要求快速跑。

2. 中班幼儿练习走平衡木，要求双手侧平举，身体保持平衡。

3. 将大班幼儿分成两队站在沙池一头，中班幼儿排成一队站在沙池另一头。

4. 教师发出信号后，大班幼儿两队的排头迅速头顶沙包，跑向对面的中班幼儿，将两个沙包放于中班队伍排头的两只手背上，要求中班幼儿从平衡木上过去。大班的两位幼儿原路返回，并且要及时帮助和保护平衡木上的中班幼儿。然后，中班幼儿将沙包交给大班队伍的第二个幼儿，游戏继续进行。如此依次接力，以走得稳而快的队伍获胜，并且成为今天的杂技明星。

★ 游戏：沙堆里的宝藏

活动目标

1. 在游戏中，初步掌握挖、掏、捧、抓等动作。

2. 通过"大带小"的合作形式，体验互相合作、互相帮助的乐趣。

活动准备

1. 用袋子装好的衣服、帽子等服饰饰品。

2. 各种动物胸饰每种 2 个。

3. 磁带，录音机。

活动指导

1. 游戏《找朋友》。

在音乐声中，找到与自己相同动物胸饰的小朋友。

2. 游戏《找宝藏》。

（1）老师讲解规则，幼儿找宝藏。

要求：找到了宝藏，大班的孩子用宝藏将小班的孩子打扮起来。

（2）幼儿介绍自己找到的宝藏。

（3）幼儿找宝藏。

要求：找到了宝藏，小班的孩子用宝藏将大班的孩子打扮起来。

（十四）大型器械游戏区Ⅰ（东区）

表3-16　大型器械游戏区Ⅰ的活动设置

区域	目标	活动建议	活动场地	材料投放
14号：大型玩具游戏	1. 掌握各种活动器械的不同玩法，学习钻、爬、攀登、悬吊等动作技能。 2. 能遵守游戏规则，根据示意图，有序地进行游戏。 3. 勇于接受挑战，能坚持完成任务	1. 在进行斜悬垂活动前，教师必须检查悬杠是否安全；活动中，一位老师必须在旁保护。 2. 进行攀登练习时，事先做好相应的安全教育，禁止幼儿中途跳下而发生危险。 3. 活动前，老师要检查器械下面的沙子是否已浇湿，避免活动中扬起尘埃。 4. 玩滑梯时，脚朝下，上半身保持直立，禁止幼儿头朝下往下滑落	沙池，大型玩具	铲、城堡等沙具，垫子，指示牌

参考游戏

★ 游戏：降落伞

活动目标

1. 体验玩降落伞的乐趣。
2. 鼓励孩子勇敢地挑战最高峰。
3. 懂得与同伴合作。

活动准备

幼儿自制降落伞。

活动过程

1. 鼓励孩子拿着降落伞爬到网绳最高处后将降落伞向下抛落。
2. 体验玩降落伞的多种玩法。
3. 发现幼儿的新玩法，鼓励幼儿学习。（注意拉筋网绳）
4. 向上抛"降落伞"比赛。

★ 游戏：一起来寻宝

活动目标

1. 提高攀、爬、钻的技能。

2. 遵守游戏规则，快乐游戏。

活动准备

大型玩具、各种小玩具。

活动过程

1. 教师带领幼儿做准备热身运动。

2. 游戏玩法：提前把玩具藏在大型玩具的各个地方，进行寻宝游戏。

3. 在游戏过程中，提醒孩子累了就休息。

4. 放松运动。

（十五）大型器械游戏区Ⅱ（西区）

表3-17　大型器械游戏区Ⅱ的活动设置

区域	目　　标	活 动 建 议	活动场地	材料投放
15号：大型器械游戏	1. 掌握各种活动器械的不同玩法，学习钻、爬、攀登等动作技能。 2. 能遵守游戏规则，根据示意图，有序地进行游戏。 3. 勇于接受挑战，能坚持完成自己的任务	1. 进行攀登练习时，事先做好相应的安全教育，禁止幼儿中途跳下而发生危险。 2. 活动前，老师要检查器械下面的沙子是否已浇湿，避免活动中扬起尘埃。 3. 玩滑梯时，脚朝下，禁止幼儿头朝下往下滑落	大型玩具，冲洗池	小玩具，玩沙玩具，降落伞

★ 游戏：快乐地穿行

活动目标

1. 在游戏中学习爬行的动作。

2. 通过连贯性地完成大型玩具的器械项目，增强身体动作的协调能力。

3. 幼儿较主动参与游戏活动，体验游戏带来的快乐。

活动准备

大型玩具。

活动过程

1. 做准备运动。

2. 练习攀爬翻越的动作：老师讲解示范动作的要领——幼儿练习，老师指导。

3. 老师讲解游戏。

4. 玩法：幼儿分男、女小组在攀爬墙上练习翻越的动作。线路：幼儿走上楼梯——爬过铁索桥——从悬垂降落滑向沙池——爬上并翻越攀爬墙——重新由楼前开始循环游戏。

5. 幼儿游戏，老师观察、指导，提示孩子注意安全，遵守规则，体验游戏带来的快乐。

6. 放松运动，小结，结束活动。

图 3-21　钻爬活动

（十六）四轮车游戏区

表3-18　四轮车游戏区的活动设置

区域	目　标	活　动　建　议	活动场地	材料投放
16号：四轮车游戏	1. 学习驾驶滑板车和三轮车的技巧，增强动作灵活性和协调性。 2. 能自觉遵守交通规则，按照指示路线安全完成任务。 3. 能与同伴友好交流、分工合作，体验互动游戏的快乐	1. 活动前老师注意检查各类幼儿用车是否安全，有损坏的就要剔除并做好维修登记。 2. 引导幼儿在指定的区域进行驾车练习。 3. 教育幼儿自觉遵守交通规则，按照指示路线安全完成任务。 4. 结合生活经验创设情境区域，丰富活动的形式，提升幼儿参与的兴趣	环形车道	胶圈、平衡木、棉垫、雪糕筒、终点标示图、轮胎

参考游戏

★ 游戏：快乐的圈圈

活动目标

1. 鼓励幼儿探索圈圈的不同玩法，在游戏中培养幼儿创新精神。

2. 幼儿学习双脚并拢、分开或单足行进跳的动作，提高幼儿腿部的力量。

3. 通过游戏中贯穿的走、跑、跳、爬等基本动作，提高幼儿的运动能力，激发幼儿的主动参与意识与合作意识。

活动准备

胶圈人手一个、平衡木两条、棉垫若干、雪糕筒若干、终点标示图——小虫一幅。

活动过程

1. 引导幼儿扮演小司机，手拿胶圈为方向盘，边跑边开车来到活动场地；教师扮演警察，用红灯停、黄灯准备、绿灯开的口令为信号，控制幼儿的身体动作，使幼儿的准备活动有一个动静交替的过程。

2. 幼儿手持胶圈跟着音乐做准备运动。

3. 教师提示："小朋友们，胶圈可以当方向盘开小车和做操，胶圈还可以怎么玩？要动脑筋和别的小朋友玩得不一样。"

4. 幼儿想出多种玩圈的方法，并亲自尝试，教师个别指导。

5. 教师仔细观察，邀请幼儿上来展示各种玩圈的方法，互相启发交流。

6. 难度练习，重点指导：

（1）教师将合作得较好的组的玩法展示给同伴看。（双脚并拢或分开行进跳）

（2）引导幼儿尝试双脚并拢、分开或单足地行进跳。

（3）引导幼儿合作，把胶圈摆在地上搭成各种图案，然后进行跳圈活动。单脚或双脚连续跳，左右脚交替跳，左右脚开合跳等。

7. 游戏：小动物捉虫子。

教师设计三条难度不等的小路，幼儿自由选择一条小路，利用双脚并拢、分开或单足行进跳，再通过设置的障碍物去捉小虫。

第一组：行进跳过数个胶圈，以一定速度走过小桥（平衡木），绕过小山（雪糕筒）。

第二组：行进跳过数个胶圈，手脚爬过草地。

第三组：行进间跨跳，越过跨栏，侧身钻过"山洞"。

图3-22　做龙狮操

★ 游戏：农场小司机

活动目标

1. 学习听信号做走、跑、跳、爬的动作。

2. 尝试一物多玩，培养对体育活动的兴趣。

3. 体验与同伴游戏的乐趣。

活动准备

运动场、体操垫、哨子、音乐、呼啦圈。

活动过程

1. 热身运动：听音乐，教师带领幼儿做各关节活动。

2. 教师带领幼儿手持呼啦圈扮小司机开车，做红绿灯交通游戏，交待红灯停、绿灯行，练习走、跑交替动作，引出主题——农场小司机。

3. 快速跑：听信号"开高速"时，幼儿加速快跑。教师提醒孩子在跑的过程中要灵活躲闪，避免与其他孩子碰撞。

4. 单、双脚跳：听信号"开山路"、"过水坑"，幼儿把呼啦圈摆放在地上，然后在呼啦圈中跳过，鱼贯式进行。

5. 手脚着地爬：听信号"爬山坡"，幼儿在体操垫上手脚着地向前爬。教师在旁观察指导，帮助和鼓励能力较弱的孩子，同时为个别孩子纠正动作。

6. 综合游戏"小司机很忙"。玩法：按照走、跑、跳、爬的四种玩法，听教师口令信号，幼儿做相应动作。

★ 游戏：开心搬运工

活动目标

1. 练习平衡、钻爬和推拉的基本技能。

2. 养成良好的团队协作精神。

活动准备

轮胎若干，音乐。

活动指导

1. 请小朋友们一人站在一个轮胎里，跟着老师，在音乐节奏下做好肩膀、头部、胳膊等部位的准备运动。

2. 小朋友自由玩轮胎，可以拿起来玩，一定要注意安全。

3. 将孩子分成四组，在四个角的位置，进行接力游戏，让孩子沿着车道，向前推轮胎。

4. 分组进行平衡练习。

（1）用轮胎平铺，搭成摆桥。

（2）把一个轮胎立着放在其中一个轮胎上，让幼儿爬着过去。

幼儿过小桥时，老师在旁边辅助。

图3-23　滚轮胎游戏

★ 游戏：快乐的小司机

活动目标

1. 学习用脚蹬车前进和用手摇动车子前进。

2. 学习遵守游戏规则，了解一些简单的交通规则，在区域里听从"警察"的指挥有序地进行游戏。

3. 学习自己设置区域活动范围，协商进行游戏，活动后自觉收拾游戏材料。

活动准备

滑板车、小汽车若干，交通标志牌，地点牌（自制粘贴在标志牌背后），泡棉积木若干，纸袋或背囊3个。

活动过程

幼儿扮演快递员，分为人数相当的三队，且在三个不同地点集中。按顺序取快递包，驾驶车辆按照路线方向送往下一个地点（即A送到B，B送到C，C送到A）。途中注意遵守交通规则，不随意变道，超车要注意安全。完成一轮快递任务则自觉退到队伍最后等待下一轮游戏，体验交往和互动的快乐。车道设两处交通指挥点，幼儿扮演交警举红绿小旗进行指挥，驾车幼儿要遵守交通指示进行游戏，举红旗停车，举绿旗通行。

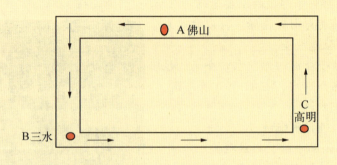

（十七）篮球游戏区

表3-19　篮球游戏区的活动设置

区域	目　标	活　动　建　议	活动场地	材料投放
17号：篮球游戏	1. 学习拍球、滚接球、双手胸前投篮的动作，提高双手控制球的能力。 2. 体会和判断球弹起的方向及高度，有连续拍球的意识	1. 练习前应注意做好充分的准备活动，特别要多活动手、肩、腰。 2. 提醒幼儿在活动中学会躲避他人滚过来的球。 3. 引导幼儿选择适合的地方进行练习，避免相互干扰、碰撞	篮球场	篮球架、雪糕筒、塑胶圈、篮球、棍棒、15—20 cm高的平衡木

参考游戏

　　★ **游戏：和球玩游戏**

活动目标

1. 通过雪糕筒等器械学习多样拍球。
2. 尝试在游戏中初步掌握多样性拍球的基本技能。

3. 激发幼儿参加篮球活动的兴趣和热爱体育锻炼的情感。

活动准备

篮球、球篮。

活动过程

1. 热身活动。① 围绕篮球场地慢跑，然后做各类关节运动。② 球性练习：滚球、抛接球、推拨球等。

2. 基本部分。① 复习传球：两人或多人传球。② 学习多样性拍球：单手、双手、左右手、站在器械上拍球。请优秀幼儿示范，然后分组练习，教师巡回指导。③ 综合练习：拍球、抛接球、运球、投篮。

3. 结束部分。① 老师请幼儿集中小结游戏情况。② 做放松运动，器械回收，离场。

图3-24　抛投球游戏

★ 游戏：互传球

活动目标

1. 掌握胸前互传球的动作技巧。

2. 培养不怕困难的意志品质，团结协作的精神。

活动准备

音乐、篮球数个。

活动过程

1. 慢跑两圈、做篮球热身操。

2. 老师讲解游戏"螃蟹运球"的方法和规则：把篮球放在两个人的胸前，用力夹紧后手臂伸直，紧握双手运球，在运球时不能将球掉地上，如果掉地上了要从起点重新开始。教师先示范一次，幼儿集体练习。

3. 活动规则：活动时，一个老师组织活动，另外一个老师则需要观察和指导：小朋友要听好老师指挥，认真投入到游戏中去。大班的幼儿可以根据实际情况适量增加难度，在运输的途中可以适当地添加障碍物。

4. 传接游戏：① 单人传接球：对墙单、双手胸前传接球，对墙反弹传接球；抛球跨一步接球；双手前上抛球跑动接球等。② 多人传接球：原地双手胸前传接球；原地反弹传接球；击地反弹接球游戏；前后移动中传接球；传接球接力赛。

5. 结束部分：师生整理器材、离开场地。

图3-25　运球投篮

★ 游戏：越过障碍

活动目标

1. 学习拍球、传球、投篮等动作。

2. 通过障碍游戏，锻炼拍球走、跑、跳、投等动作。

3. 主动参加体育活动，养成自主、合作、勇敢、不怕困难的良好品质。

活动准备

篮球架、雪糕筒、塑胶圈、棍棒若干。

活动指导

1. 熟悉篮球，原地学习拍球的动作。

2. 学会拍球后，就互相传球，熟练传球动作，更能自如用手控制球。

3. 运球，用手控制球绕过障碍物，并投篮。

4. 两位老师站在不同的点进行指导，要求：不用脚踢球、不坐在球上面、不抓篮球架。

5. 综合竞赛游戏：体操棒赶小篮球绕杆比赛。

6. 做放松运动。

★ 游戏：灌篮高手

活动目标

1. 学习篮球运动常规动作。

2. 初步掌握多角度投篮的动作。

3. 学会团结协助，体验篮球游戏所带来的乐趣。

活动准备

篮球人手1个；篮球架2个；雪糕筒10个；哨子一个；运动音乐。

活动过程

1. 热身活动（做球操：各关节运动，动作自编）。

2. 花样拍球。

3. 单人运球：左、右手高、低运球；体前换手运球；单手前后、左右推拉运球；运两只球；听指令、看信号做左、右手高、低运球游戏；运球跑动听指令，看信号做停、起游戏。

4. 多人运球："捉尾巴"游戏；运球"找朋友"游戏。

5. 运球比赛：运球过障碍接力赛；分组集体合作运球比赛。

6. 分组练习：孩子自由分散站位，站在球场内的塑胶圈（多角度摆设）进行投篮游戏。教师观察指导，个别纠错。

7. 投篮游戏（含击准）：单、双手持球投击移动目标；双手胸前投篮比赛；定时、定距连续投篮比赛。

8. 放松运动。

★ 游戏：篮球宝贝

活动目标

1. 学习走步拍球和高处拍球，提高手的控球能力。

2. 通过锻炼，发展手眼的协调能力和身体的灵敏性。

3. 养成敢于挑战、不怕输的良好品质。

活动准备

篮球与幼儿人数相同，雪糕筒数个，15—20 cm高的长凳数条，篮球架四个，相关的音乐。

活动过程

1. 教师与幼儿进场，跟着音乐的节奏，利用篮球进行徒手操的准备运动。

2. 教师指导幼儿进行拍球练习。

3. 单手拍球。

4. 双手拍球。

5. 双手交替拍球。

6. 走步拍球：指导幼儿控制球按指定方向移动，拍球通过设有数个障碍物的小路，掌握球弹起来的方向。

7. 在高处拍球：指导幼儿控制球在设有15—20 cm高的长凳拍球，掌握球弹起来的高度。

8. 分组交换练习，教师从旁指导幼儿控球的动作与方法。

9. 游戏——篮球高手。

为了控制好幼儿游戏的密度及距离，所以幼儿分成数组进行活动。幼儿先站在15—20 cm高的长凳拍球（5下），然后双手抱球走过长凳，紧接着走步拍球通过数个障碍物的小路，到了终点进行投篮，最后拍球回到原点。根据幼儿的情况教师随机指导。

10. 放松运动。

图 3-26　拍球活动

（十八）足球游戏区

表3-20 足球游戏区的活动设置

区域	目标	活动建议	活动场地	材料投放
18号：足球游戏	1. 学习原地踢球、移动踢球的动作要领，发展眼脚协调能力。 2. 保持摆脚用力顺序，保持身体平衡。 3. 能与同伴友好地合作，体验集体运动的乐趣及规则	1. 进行练习时，注意提醒幼儿不要拥挤，以免相互碰撞；指导幼儿向统一的方向踢，不要对着人踢，以免踢伤人。 2. 要穿比较宽松的衣服和运动鞋，不能穿凉鞋或拖鞋等不利于踢球的鞋子，以免踢伤脚。 3. 做好充分的热身运动，尤其是踝关节、膝关节、髋关节和腿部肌肉活动。 4. 练习时场地内不能有人，提醒幼儿也要注意身边同伴的安全	足球场	纸球若干，足球25个，定点标志、足球、塑胶圈、雪糕筒、拱门、记录板

参考游戏

★ 游戏：小脚和足球

活动目标

1. 练习左右脚交替运球，脚底停球。

2. 锻炼脚的协调能力，提高动作的准确性，学习将球踢入球门。

3. 学习与同伴合作踢球，感受与同伴合作游戏的快乐。

活动准备

纸球数量与幼儿人数相同，球门6个。

活动过程

1. 熟悉小足球。

2. 幼儿讨论玩足球的基本规则：①只能用脚踢；②球门是小足球的家。

3. 幼儿自由练习，掌握球性。

图3-27 快乐足球

★ 游戏：双人夹球走

活动目标

1. 初步掌握侧身跑的动作。

2. 通过侧身跑协同运物的游戏，提高身体的协调性。

3. 养成团结协作的良好品质。

活动准备

足球、大篮筐、运动场、哨子、音乐。

活动过程

1. 各关节运动热身，为下一环节做好充分的准备。

2. 学习侧身跑：教师边讲解边示范侧身并步跑的动作要领：侧身面对跑的方向，一侧脚跨跳，后脚跟进并步。双脚依次反复进行。孩子观看模仿。

3. 分组练习：孩子分成四组，从一边的边线开始，用侧身跑的方法通过球场。提醒孩子先慢再快，注意双脚并步交替时避免踩踏，教师观察指导，个别纠错。

4. 游戏"小猴送礼"。

玩法：孩子两个人自由组合，合作侧身跑。把足球夹在两人之间，要求不掉球，从一边运到另一边的大篮筐里，直到把所有的球运完为止。

★ 游戏：运球走

活动目标

1. 初步熟悉足球运球的基本动作。

2. 尝试在足球游戏中认识运球的基本技能，提高身体的协调性。

3. 养成爱体育锻炼的良好习惯。

活动准备

足球、塑胶圈、哨子、音乐。

活动过程

1. 做球操，活动各关节。

2. 脚尖垫球、双脚左右拉球。

3. 练习双脚夹球走、跳。要求不能掉球。

4. 学习双脚运球。教师一边讲解一边示范运球动作：利用双脚内侧来控制球，轻轻地赶着球走。幼儿边观察边模仿。

5. 幼儿分散练习，教师巡回观察纠错，个别指导。

6. 游戏"赶小猪"。玩法：把幼儿按男女分成两路横排，站在足球场的端线开始，教师用哨子发口令，幼儿听到信号后开始用双脚运球到另一端线，看谁赶得稳赶得快。（游戏进行 3—4 次）

图 3-28　踢纸球

★ 游戏：踢球练习

活动目标

1. 掌握脚内侧运球和脚内侧外翻踢球的动作要领。

2. 发展四肢力量，锻炼身体协调能力和动作的灵活性。

活动准备

足球 25 个，定点标志 30 个，自制球门 4 个。

活动过程

1. 活动前一定要做好充分的热身运动，尤其是踝关节、膝关节、髋关节和腿部肌肉活动。

2. 动作要领：原地站立在球的后侧，踢球腿后摆，膝关节弯曲，两手提起，摆腿用力，用脚面踢，触球时伸腿，把球踢出，踢球时手臂不动，踢完球向前跨一步，以保持身体的平衡。

★ 游戏：足球小子

活动目标

1. 学习左右脚交替运球动作。

2. 通过利用雪糕筒、球门等器械提高下肢动作的协调性、灵活性。

3. 初步养成敢于挑战、不怕困难的良好品质。

活动准备

足球、拱门、雪糕筒、足球场、哨子。

活动过程

1. 热身活动：绕足球场慢跑3圈，然后做各关节活动。

2. 左右脚拉球练习：左右脚尖交替拉球，把球保持在两脚之间，并保持身体平衡。

3. 学习左右脚交替运球：教师讲解示范动作要领：用左右脚把球控制在两脚之间，用力先轻后重，循序渐进。

4. 分散练习，教师观察、纠错、个别指导。教师鼓励能力较弱的孩子。

5. 练习绕雪糕筒运球：要求用脚内侧控球，先慢后快，要控稳球。教师巡回观察、指导、个别纠错。

6. 游戏"足球小子"。玩法：分组进行，幼儿先接球停球，然后用左右脚交替运球的方法绕雪糕筒运球，最后跟进踢球射门。

7. 放松运动。

图 3-29　听话的小足球

★ 游戏：足球乐翻天

活动目标

1. 尝试学习用脚带球前进，学习射门的技巧。
2. 发展幼儿的竞争意识，培养集体荣誉感。

活动准备

球、球门、音乐、记录板。

活动过程

1. 把幼儿分成4组，分散站在场地。
2. 游戏的规则：要用脚绕过障碍物，站在线内把球射进"球门"里才算赢。哪组幼儿踢进的球多，为胜方。
3. 幼儿如果不绕过障碍直接过去，教师可肯定做得好的幼儿或进行奖励，让幼儿模仿他们的动作试试，强调：射门时要注意距离。鼓励贯穿在整个活动中，帮助孩子建立集体荣誉感。

图3-30　小小足球赛游戏

4. 请个别孩子担任裁判记录每组幼儿的进球情况。
5. 提醒幼儿在游戏中不要用手抱球扔进球门。
6. 结束部分：由裁判员宣布比赛结果，并颁发金牌。

（十九）植物迷宫游戏区

表3-21　植物迷宫游戏区的活动设置

区域	目　标	活　动　建　议	活动场地	材料投放
19号：植物区游戏	1. 让孩子在区域里根据场地，初步学习走、跑和跨、钻等基本动作。 2. 利用迷宫、大木房子等现有的户外环境进行一些综合性的动作练习，提高动作协调性、平衡性和自我保护意识。 3. 在活动中体验运动与锻炼的乐趣	1. 活动时，注意提醒幼儿不要拥挤，以免相互碰撞。 2. 要穿比较宽松的衣服和运动鞋，此区域不能进行赤足活动。 3. 游戏过程中，老师要讲清楚规则。 4. 游戏必须遵循循序渐进的原则	小木屋、小吊桥、迷宫	塑胶圈若干、迷宫头饰、标识、胶圈

参考游戏

★ 游戏："小小特警队"

活动目标

1. 通过各种梯子游戏，发展攀爬能力和平衡能力。

2. 养成无畏、勇敢、果断、镇定的优秀品质。

3. 增加对大自然的热爱。

活动准备

小木屋、小吊桥、迷宫等。

活动过程

1. 小特警已经学会了许多本领，今天要进行考试了——探险。在我们探险的路上，要经过许多小桥。有有趣的小桥，也有很危险的小桥，大家可要注意了！看哪个小特警员特别勇敢、机智、聪明。

2. 游戏：过小桥。

3. 第一关：走上小木屋。要求：规定用走、跳的方法在梯内和梯上通过。老师巡回观察孩子的动作。

4. 第二关：倾斜小桥。要求：规定用走、侧身走的方法在梯上通过。老师提醒孩子在走的时候要注意安全，要求孩子按顺序进行，不要拥挤和相互推拉。

5. 第三关：穿越迷宫。要求：用规定的跳的动作通过迷宫。老师在开始的一端站位保护和指导孩子进行游戏。必要时发声提示。

结束部分

1. 活动小结，表扬积极参与游戏的孩子，鼓励能力较弱的孩子大胆尝试。

2. 做放松游戏，器械回收，离场。

★ 游戏：喜羊羊与灰太狼

活动目标

1. 初步掌握双脚并拢向前跳的动作。

2. 通过利用障碍物，锻炼走、跑、跳的技能，提高动作的灵活性。

3. 学会开动脑筋思考，体验游戏带来的乐趣。

活动准备

塑胶圈若干、迷宫、音乐。

活动过程

1. 热身活动：模仿操，教师带领孩子跟随音乐做操。

2. 学习双脚并拢向前跳，把塑胶圈摆成一排，教师边示范边讲解双脚向前跳的动作要领，孩子一边观看一边模仿。

3. 分散练习，教师观察、纠错、个别指导。

4. 游戏"喜羊羊与灰太狼"。玩法：分4组进行，幼儿扮演喜羊羊，每组选一个幼儿扮演灰太狼的角色。在迷宫区内，按照走、跳的顺序进行，当知道灰太狼来了的消息后，扮演喜羊羊的幼儿全部蹲下躲在迷宫内，以保安全。被抓到的羊得与灰太狼换角色，并重新进行游戏。（游戏进行3—4次）

★ 游戏：小蚱蜢学跳高

活动目标

1. 初步掌握双脚向上跳的动作。

2. 通过利用障碍物，练习双脚向上跳的技能，提高动作的灵活性，锻炼下肢的力量。

3. 积极参与体育锻炼，养成良好的习惯。

活动准备

橡皮筋若干、纵跳架、音乐。

活动过程

1. 热身活动：教师带领孩子跟随音乐做模仿操，加强对下肢的运动。

2. 游戏"小蚱蜢学本领"。学习双脚蹬地跳。教师边示范边讲解双脚蹬地跳的动作要领：膝关节弯曲，双脚蹬地

图3-31 跳圈圈

上跃。孩子一边观看一边模仿。

3. 游戏"摸高"。玩法：双脚向上跳，双手摸高。提醒孩子起跳时双手上摆，跳到最高处时，双手摸高。

4. 游戏"小蚱蜢跳高"。玩法：幼儿均等分成4组，根据孩子的实际情况，练习跳过3种不同高度的橡皮筋。教师观察孩子的动作，个别指导，强调轻轻落地，并做好保护工作。

结束部分

1. 活动小结：表扬积极参与游戏的幼儿和遵守纪律的幼儿。

2. 放松练习，器械回收，离场。

★ **游戏：躲猫猫**

活动目标

1. 增强幼儿奔跑、钻爬、隐藏的能力。

2. 发展幼儿利用环境快速观察、判断和躲避的技能。

活动准备

小木屋、小纸箱、迷宫。

活动过程

1. 让孩子找找小兔躲在哪里。要求小兔在听到妈妈的指令后开始躲藏，要在10的数数以内躲藏好。

2. 第一次玩躲猫猫，可由一位老师当妈妈，另一位老师带着孩子找地方躲藏。

3. 第二次玩躲猫猫，可由一位老师当妈妈，另一位老师引导小兔轻声轻脚藏好，连小手小脚也不要露出来。并启发小兔完整地说出：我躲在了×××。

4. 第三次玩躲猫猫，老师指导一位孩子当妈妈，找出其他小伙伴。提醒孩子注意地形复杂，一定要轻轻走，不推也不挤。

小结：让孩子说说哪里是最适合躲藏的地方。

★ 游戏：寻宝

活动目标

1. 在躲闪活动中，锻炼胆大、勇敢、不怕困难的意志。

2. 体验体育活动中挑战的快乐，增强自信心。

3. 发展动作的灵活性、协调性。

活动准备

小木屋、迷宫、线路指示牌、休息区，安全员指示牌。宝物若干。

活动过程

1. 热身活动，教师带领幼儿在区域内慢跑，让孩子熟悉区域环境。

2. 让孩子知道哪里是奔跑区，哪里是休息区，哪里是慢走区。

3. 将幼儿分成攻、守两方。守方人数占1/4，攻方人数占3/4。

4. 守方先将宝物分不同地点藏好，攻方进入区域寻宝。守方只能在几个规定的位置防护，防止攻方进入。如攻方的其中一人进入迷宫内，则攻方胜利。

5. 攻方若被捉住，要原地静止不动，等待同伴救援。

6. 教师注意保护，随时提醒幼儿既要胆大，又要注意安全。

7. 放松活动。

图 3-32 植物迷宫捉迷藏

第三节 户外混龄区域活动的实施

一、户外混龄区域活动实施的原则

教师在开展户外混龄区域活动时，不仅要灵活运用多样的活动方式，而且要灵活运用多种组织方式，并认真贯彻幼儿运动的原则。

（一）整合性原则

整合性原则要求教师在组织幼儿户外混龄区域活动时，应注重幼儿多种能力的整合、多种知识经验的整合和各种运动器械的整合。

1. 认知经验与运动经验的整合

活动中我们要注重幼儿触觉、视觉、知觉、运动觉的综合运用，使其认知水平和运动能力得到全面的提高。

2. 各种活动方式的整合

积极为幼儿提供各种锻炼的机会，使其体验多种运动经验，提高其适应环境的综合能力。

3. 活动环境的整合

充分利用幼儿园不同的户外运动环境，给予幼儿大肌肉、小肌肉充分活动的机会，全面提高身体素质。

（二）兴趣性原则

活动兴趣是幼儿参加体育活动的主要驱动力，主要包括参与的兴趣、模仿的兴趣、交往的兴趣、竞赛的兴趣、表现的兴趣。

（三）挑战性原则

教师要更多关注幼儿身体运动的可能性和自发性，设置丰富变化的、具有挑战性的运动环境，激发幼儿运动的潜能与智慧，主要包括挑战活动技能、挑战现有经验、挑战心理品质。[1]

图3-33　勇敢的小小兵

（四）个别差异性原则

幼儿在户外混龄区域活动中，教师要尊重幼儿的个体差异性，在提供运动器械或材料和开展活动时要因人而异，材料提供要有坡度，动作要求要根据幼儿不同的能力进行调整。

（五）安全性原则

开展户外混龄区域活动时，教师应特别关注幼儿的安全，主要包括：

---

［1］ 杨金凤．运动中成长——运动活动中师幼积极有效互动的探索［M］．上海：上海教育出版社，2011.

（1）对幼儿进行运动安全方面的教育，培养幼儿自我保护的意识。运动经验的丰富有助于减少危险。

（2）活动场地、提供的运动材料、选择的运动方式要安全。

（六）愉悦性原则

运动有助于幼儿养成活泼开朗的性格和良好的个性心理品质，教师应营造宽松、愉悦的活动氛围，设计快乐的活动内容，主要包括：

（1）营造愉悦的活动氛围，使幼儿从心理上积极趋向活动对象。

（2）活动的过程使幼儿感到快乐。

（七）互动性原则

多种的互动形式有力地助推幼儿户外混龄区域活动的开展，促进幼儿运动活动持续、有趣地进行。主要包括：家园互动、师幼互动、幼幼互动。

二、户外混龄区域活动的有效实施

在户外混龄区域活动中，我们提倡的是充分展示区域化活动的开放性和自主性。户外混龄活动能很好地给孩子一个锻炼和交往的机会，孩子们在相对自由的前提下，自选活动区域，与区域里的师生互动，通过不同年龄孩子的交往、观察、学习，丰富自身的活动经验，提高动作发展水平，获得动作发展的满足。大孩子带小孩子，小孩子学大孩子，各自的经验和水平都在原有的基础上获得发展。孩子们从中学会了合作、竞争和互相促进。但是混龄活动存在差异性问题：中大班孩子从 4 岁到 6 岁，能力与动作的发展不可能完全一致，老师针对不熟悉的孩子，应当如何给予适当的引导呢？

图 3-34　走梅花桩

（一）幼儿按年龄水平分类

孩子在活动时都要带着自己的活动牌去选择区域，利用孩子的活动牌，再以颜色做区分，中班—黄色、大班—白色，区域指导的老师一下子就可以辨认哪些孩子是中班、哪些孩子是大班，这既方便了老师的指导，也让孩子们知道谁是哥哥姐姐、谁是弟弟妹妹，更方便了"大带小、小跟大"的配对，促进幼儿在区域活动中"玩出友谊，玩出智慧"。

（二）活动的组织科学而多样

1. 科学设置区域，提供开放、安全的户外空间，满足儿童多种活动层次的需要

幼儿的发展存在阶段性，不同幼儿的发展状况不同。随着幼儿园一、二期基建的完工，幼儿园户外活动场地得到拓宽，活动区域从原来的 15 个增加到 19 个。在市科技局的支持下，我园还补充了大批量新的玩具，例如：布飞碟、跨栏、大垫子、铁圈、滑板车、篮球架等。我们从幼儿发展的实际出发来选择投放到各户外区域活动中的材料，并根据幼儿的知识基础和实际能力设计活动内容。根据幼儿的动作发展，我们设置有走跳区、平衡区、钻爬区、投掷区、跑跳区；根据不同材料的选择，我们设置有玩绳区、篮球区、足球区、车区；根据我园的地形位置，我们设置有迷宫区、攀爬区、大型玩具区，等等。教师们结合区域实践讨论了活动组织的分层指导要点，涉及教师的自我评析、方案调整等。在（实践＋反思＋实践）教研活动中，教师们不断总结经验，提高了在区域体育活动中的指导水平，促进了教师的专业化成长。

2. 细心观察，正确指导，建立良好的常规

（1）必须重视规则意识的培养，建立必要的常规。如向幼儿明确各区的内容和玩法，并且某个运动区域一旦确定，在短期内要保持相对稳定，实施一阶段后再做调整。

（2）活动前要做适量的热身运动，如绕园热身跑、热身韵律操等，讲究科学锻炼，使幼儿机体有一个逐渐适应的过程。

（3）教师要全面观察，适时指导。如注意控制好幼儿的活动量，给体弱幼儿相应的支持和帮助，有效促进幼儿身体机能的发展。

（4）注意保教结合，发动保育员积极配合，协助老师做好保育和安全工作。在保健室开设休息区，保育老师负责为孩子提供毛巾、水杯，做好动静交替。

（5）整合性地发挥区域体育活动的教育价值。如活动前后场地的布置和整理，邀请孩子共同参与，培养大班幼儿的小主人意识。再如活动中播放相匹配的音乐，让幼儿能根据音乐的变换对应做反应，如选择区域、渲染运动气氛、收拾玩具、归队整理等。

（6）明确目标，拟定计划。老师们一起思考如何根据幼儿年龄特点创立不同的运动区域，共同制定阶段性目标。在过程中发现问题、商讨方法，解决问题，最大限度地发挥幼儿的自主性，同时也提高幼儿的技能发展。

（7）活动时间的科学性。区域体育活动可每周开展一至两次，每次时间大约在四十分钟左右，避免一次活动时间过长，运动负荷过大。

（8）教师关注幼儿的个体差异，避免幼儿身体局部运动负荷过大。教师发现有幼儿出现疲累状况，要选择有趣的方法引导幼儿适时更换区域或稍作休息，如利用"画卡"、发"小礼物"、"寻宝"等来吸引幼儿换区，同时也记录了幼儿所玩区域情况。

3. 合理投放材料，开展多种组织形式活动，促进幼儿的多元发展

要让幼儿喜欢并积极参加体育活动，活动环境的创设与活动材料的投放是个关键因素，它直接影响到幼儿参与活动的积极性以及活动的质量。我们推崇一物多玩、一物多变，既发展了幼儿的动作，也开发了其创造性思维。

（1）在各活动区内尽可能地提供种类多样、数量充足的活动材料。如在跳跃区，提供了纵跳触物的各种彩色的球、多种高度的跨跳栏栅、羊角球、蹦跳球、绳子等多种活动材料，保证每个孩子都有器材活动。

（2）在活动环境的创设与活动材料的投放中考虑到幼儿的年龄、能力以及兴趣的差异，尽可能地满足不同幼儿的需要，有助于幼儿在不同水平上运动兴趣、能力都得到发展。如在平衡区，有走平衡台、平衡板、梅花桩，走高低不同的梯子、平衡箱等。

（3）活动材料的投放可与游戏方法有机结合。如攀爬区，将不同的钻、攀、爬活动材料相互连接，幼儿按序完成。

（4）积极利用园内的良好条件、利用自然材料（阳光、空气、水、沙、石），根据季节开展"三浴"，不断创新、发展活动内容。

4. 把游戏还给孩子，让他们成为各区域的主人

幼儿参加体育活动的主要动力来自他们对活动的兴趣，而材料是引导幼儿直接兴趣的重要因素，因此应设计投放一些情境性、趣味性强的游戏材料，以激发幼儿参加体育活动的兴趣。当幼儿兴趣不高时，随时增加游戏情景，不断激发幼儿参与活动的兴趣，达到锻炼的目的。

5. 关注个体差异性，促进幼儿和谐发展

同一年龄班幼儿，各自的发展水平和速度不尽相同，更何况我们的户外区域活动是中大班级的混龄活动，孩子存在的差异更加明显，教师要根据幼儿的这种差异给予相应的教育指导。在教育实践中，教师要关注不同年龄段幼儿的动作发展。幼儿动作掌握不好时，可采取语言提示、动作示范、同伴学习、鼓励、帮助的方法，进行动作技能的指导，如：在投掷区中，当幼儿挥臂动作不准确时，教师采取动作示范讲解或请能力较强的孩子示范的方法指导幼儿，使幼儿动作更加准确，或增加游戏情节"打大灰狼、打中圆心"等游戏，激发幼儿继续学习的兴趣。当幼儿动作掌握较好时，可依据幼儿水平，为幼儿提供挑战性材料，可在幼

儿不同的身体部位增加不同大小的负重。如在幼儿走平衡时，教师根据幼儿平衡能力，引导幼儿依次拿一些轻物，拿一些重物，头或双肩顶轻小物体，或者在平衡木上增设障碍，又或者是两人合作运物等，逐渐增加难度，进行分层次指导，使幼儿在原有水平上得到提高。因此，在指导幼儿活动时教师心中要装着目标，根据幼儿不同发展水平，目标可上下浮动，最终让每个幼儿在得到锻炼的同时，都能获得发展、提高。

区域性体育活动的目标是放开幼儿的手脚，不是放弃教师的指导。较胆怯的幼儿，在不熟悉的老师面前更拘谨，容易使活动受到局限。这时，老师就应主动去招呼幼儿，做幼儿的玩伴，参与到活动中，以自身的"动"来引导幼儿的"动"。或者采取"一对一的帮扶"，让哥哥姐姐做小老师，中班孩子在哥哥姐姐的带动下大胆地参与活动。在"大带小"的活动中，培养大班孩子的责任意识、竞争意识，同时培养了中大班孩子的交往能力。

在户外混龄区域活动中，我们提倡的是充分展示区域化活动的开放性和自主性，因地制宜地将户外场地分为多个区域（跑跳区、跨跳区、攀爬区、平衡区、投掷区、球类运动区、绳类运动区、车类运动区……），实现空间上的开放性。我们也重视材料的开放性，让幼儿在一个活动区可以通过投放材料的变化而达到多方面的发展。在户外混龄区域活动中，教师也强调幼儿在区域性体育活动中的自主性，从每个幼儿的实际出发，尊重每一个幼儿的个性发展。我们给予混龄幼儿更多的"自由"——自选区域、自愿结伴、自主活动，加强了混龄幼儿之间的交往，实现"以玩交友"。最后我们根据区域性体育活动的情况进行观察分析，教师根据班级集体、幼儿的个案观察和分析结果做到了给予幼儿适当的引导，促进幼儿在区域活动中"玩得开心，玩出智慧"。

图3-35 亲子运动会

图3-36 快乐时光

第四章 方法在创新

——课程的丰富与完善

第一节 基于幼儿良好习惯的培养

区域活动的模式对幼儿的发展有着重要的影响。国内的幼儿园混龄编班相对较少，再加上开展混龄区域活动对幼儿的参与度、教师在开展活动前的预设和准备工作，以及活动过程中的指导、评价工作提出了更高的要求，所以混龄区域活动在我国尚未普及，可以说付诸实践的园所较少。但混龄区域活动正因其活动的开放性、社会性、动态性、内隐性、个别性受到普遍关注。我们根据国内外相关研究和本国实际情况，在维果斯基的"最近发展区"及异龄交往等理论的支持下，在此领域展开了为期两年的试点研究，对混龄区域活动的目标、内容、方式方法及评价做了全面深入的探索。同时通过混龄区域活动模式的实践，不仅促进了幼儿在语言、交往、责任感等社会性方面的发展，更促使幼儿更快地由自然人向社会人转化。

一、户外混龄区域活动促进幼儿身心和谐发展

《指南》提到，幼儿阶段是儿童身体发育和机能发展极为迅速的时期，发育良好的身体、强健的体质、协调的动作、良好的生活习惯和基本生活能力是幼儿身心健康的重要标志，也是其他领域学习与发展的基础。由此可见，促进幼儿身心健康发展是幼儿园的首要任务，同时也是促进幼儿全面发展的基础。而幼儿体育正是幼儿身心和谐发展的一个重要组成部分，它包含体育教学、体操、户外体育活动三大类。

习惯是人们不断重复某种行为而产生的稳定化、固定化的一种行为模式。幼儿有了爱锻炼、会锻炼的好习惯，就能促进和保证他们的身心健康。

（一）良好的姿态

蒙台梭利非常重视日常生活教育，她认为"实际生活联系是塑造儿童性格的活动"，"幼儿期是动作发展及生活环境学习的敏感期"[1]。因此，在幼儿入园后，我们注重幼儿日常生活能力，从站立、走、跑等动作习惯到活动的习惯以及自我保护能力的培养。

1. 行走、就座、站立姿势

【目的】

（1）学习基本的走、坐、站立的正确方法。

（2）训练宝宝掌握手脚运动的协调性。

【环境材料】

走廊、椅子。

【要点】

★ 行走

（1）先伸出右脚，脚跟踩到地板上，脚尖着地。

（2）自然地踏出步幅，姿势端正，两脚交互前进。

提示：孩子的年龄小，自控能力差，应急反应慢，因此在游戏中容易产生散队、走散等现象。因此在小班刚入园时开展"跟着××走"等游戏，让幼儿知道走路时不推不挤、不掉队，防止意外伤害事件的发生。

图 4-1　自然摆臂，手脚协调一致

★ 坐姿

（1）身体略前倾，轻轻地弯腰坐下。

（2）背挺直，腰部微微贴住椅背坐好。

（3）膝盖合拢，两手放在大腿上。

★ 站姿

（1）保持身体平衡，轻轻地站起来。

（2）把衣服整理好。

提示：保持走路、站立及坐的正确姿势，是一种良好的健康习惯，这不但可以保护我们的背，使其不受伤害，还可以使我们的身体运动得更好、更协调。

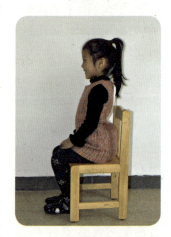

图 4-2　坐要端正，两腿并拢

———————————

[1]　刘文．蒙台梭利幼儿教育思想与实践［M］．大连：大连出版社，2002.

2. 仪容整理

【目的】

对自身形态进行观察，学习整理仪容。

【要点】

（1）站在全身镜的前面，让全身都能照到，以便做全身仪容的整理。

（2）提示宝宝不只是照前面、后面，侧面也要照照看。

（3）让宝宝从镜子里看自己，发觉有必要修饰的地方就自己修饰。

提示：换衣服后，可以让宝宝照着镜子将衣服和头发整理好。

图4-3 对镜梳理，面洁衣整

（二）运动习惯的培养

防止运动损伤是教学活动正常进行的基础，在幼儿园体育活动日渐受到重视的同时，人们对安全措施也有了进一步的要求，活动常规的建立以及一些运动项目的教学都有了相应的保护、帮助措施和方法。如着装轻便、大方，不拖拖拉拉；不携带尖锐物品，如小刀、钥匙等；老师不佩戴胸针、发卡等饰品，不留长指甲等。

1. 做好准备运动

【目的】

（1）养成运动前做准备运动的习惯。

（2）做好运动前身体和心理的准备。

【要点】

（1）将器械从室内搬到活动场地并摆放好。

（2）组织根据老师的指令排好队。

（3）专注地跟着老师准备，身体各部分进入活动状态。

2. 感受心脏在跳动

【目的】

（1）发展肌肉的协调能力。

图4-4 运动前热身，养成好习惯

（2）意识到运动后心跳及呼吸会加速，知道剧烈运动后要放松和休息。

【要点】

（1）在运动前对宝宝说："把手放在胸前感受一下自己的心跳。"

（2）这时宝宝的感受可能不会很明显。

（3）待宝宝停下活动时，老师（保健医生）可为其测查心率，了解运动量是否合适，再让宝宝把手放在胸前感受自己的心跳。

图4-5　运动中配合医生测心率

（4）让孩子在运动后充分休息。补充足够的水分。

提示：告诉宝宝适当的运动对我们的健康很有帮助。例如运动后，心跳会加快，心跳加快可以促进我们的血液循环，让我们更健康。此外，运动还可以帮助我们把身体中一些不好的东西通过出汗、小便排出体外，促进新细胞的生长。因此，适当的运动对我们的健康很有帮助。

3. 结伴一起玩

【目的】

（1）鼓励孩子学会沟通。

（2）鼓励孩子一同完成任务。

【要点】

（1）哥哥姐姐带着弟弟妹妹入区。

（2）给弟弟妹妹做示范。

（3）在活动中为弟弟妹妹提供帮助。

提示：让能力强的哥哥带着能力弱的弟弟，能激发大年龄幼儿带孩子的责任心和荣誉感。混龄活动能促进孩子动作协调、灵活发展，有利于不同年龄幼儿间的交往与合作，共同提高运动能力。

4. 创新游戏

【目的】

（1）鼓励孩子进行一物多玩的游戏。

（2）鼓励孩子按自己的想法摆放器械。

图4-6　继续走，姐姐跟着你

【要点】

（1）鼓励孩子自己玩。

（2）鼓励孩子按自己的想法组合器械。

（3）允许孩子在游戏中进行器械的重组和玩法的变化。

提示：苏联教育家乌申斯基曾经说过："最好的玩具是那些幼儿能够用各种方式加以变更的玩具。"通过改变玩的方法，提高孩子活动的主动性和活动兴趣；通过一物多玩，激发孩子对材料的兴趣，提高孩子的探索能力。老师可通过鼓励和自评方式使幼儿获得较大的成功体验。

图4-7　孩子有机会创造新玩法

5. 安全意识

【目的】

（1）掌握一定的安全知识。

（2）养成安全活动的习惯。

【要点】

（1）穿着安全的服饰参加运动。

（2）听清楚老师的要求，遵守活动常规。

（3）拒绝危险动作。

6. 正确使用器械

【目的】

（1）知道各种器械的正确使用方法。

（2）养成安全运动的习惯。

【材料】

各种体育器械。

【要点】

（1）了解正确使用器械的方法。

（2）能正确使用各种器械。

（3）学会整理、爱护器械，轻拿轻放。

（4）发现器械有损坏能及时告诉老师。

图4-8　良好的着装习惯是保证安全的第一步

图4-9　学会检查自己的器械

（三）运动前后的穿脱衣服、鞋子

着装不仅是保障运动安全的要素，也是养成健康习惯的重点。运动前要换上运动鞋，着装要宽松、轻便，方便身体的舒展和灵活地动作。运动结束后还要及时擦干汗水，增添衣服保暖，预防感冒。

1. 更换运动鞋

【目的】

学习穿、脱鞋的方法，提高孩子手眼协调和手脚配合的动作能力。

【要点】

（1）取出球鞋放在椅子左侧。坐在椅子上，用手拉开脚上的鞋带。

（2）用手握住鞋跟部分向下拉，让脚跟露出来，然后把脚从鞋子里抽出来。

图4-10　户外活动的轻便运动鞋

（3）双手握运动鞋，把脚尖伸进鞋内，用手抓牢鞋子的后部往后拉，让整个脚都进去，并系好鞋带。

（4）将脱下的鞋子按左右排好摆放到鞋柜里。

提示：可以用相似的手法练习穿袜子、戴手套、穿有鞋带的鞋子。可以用相似的方法练习脱袜子、脱手套、脱带有皮带扣的鞋。

2. 脱外衣

【目的】

（1）小班开始教授孩子脱衣服的方法，提醒孩子热了要脱衣服，逐渐让孩子养成根据冷热穿脱衣服的习惯。

（2）让孩子反复练习，形成运动前或出汗后脱去外衣的习惯。

【要点】

（1）解开纽扣或拉开拉链，打开前襟。

（2）先用手将两肩的衣服脱下。

（3）两手转到背后。

图4-11　秋冬季热身后自觉脱去外套

（4）右手抓左边的袖口，让左手抽出来。

（5）双手伸到前面，左手抓右边的袖口，让右手抽出来。

（6）衣服的前襟向上平放在桌上，抚平上面的皱褶并整理好。

提示：在日常生活中，多让孩子练习，学习自己脱下外套、夹克、裤子等，分类摆放整齐，并将此习惯延伸到户外活动中，户外活动时老师要带上放衣服的布袋或篮子。

3. 系鞋带（大班）

【目的】

（1）锻炼手指头的灵活性。

（2）学习系鞋带的基本方法。

【要点】

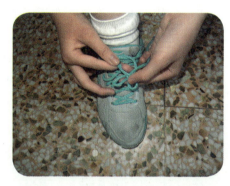

（1）用右手把左边带子拉向右边，左手把右边带子拉向左边。

（2）交叉打结后拉紧。

（3）将左、右两边的带子绕个圆圈，并从拇指和食指下方圆圈中间穿过。

图4-12　系鞋带是一项特殊的技能

（4）将左、右两边的带子分别绕个圆圈捏紧，并从拇指和食指下方圆圈中间穿过。

（5）将捏住的圈重叠，用前面打结的方法在交叉点捏住。

（6）两手抓住已穿过的带子，同时向左右拉紧。

提示：随着孩子年龄的增大，会接触到带绳子的运动鞋，学习如何绑鞋带也是孩子运动准备的一部分。掌握方法后，通过多练习，能进一步提高孩子手眼的协调能力。同样，解鞋带的方法也要练习。

4. 穿外衣

【目的】

（1）知道运动后要马上擦汗并换上衣服，防止受凉。

（2）学习穿衣服的方法，培养幼儿的自理能力。

【要点】

（1）将衣服从衣架上拿下来，解开纽扣。

（2）左手提右边的衣襟，让右手先穿过袖子。

（3）手伸到后面把衣服披到右边肩膀上，

图4-13　运动后适时穿回外套

右手提左边的衣襟，让左手伸到袖子。

（4）把两边的衣襟对齐，扣好纽扣或拉上拉链。

提示：运动过程提醒孩子及时用汗巾擦干身上的汗。如冬季户外运动结束后，指导孩子马上增加衣服，防止着凉。当里面穿的是长袖衣时，要用手握住内衣袖口，再伸手穿衣。

（四）户外运动时的自我服务

做好运动前后的各项准备，例如准备好擦汗的毛巾、更换的衣服、水壶等，充分尊重幼儿的意愿，在各种体育活动中让幼儿参与活动环节设计或让幼儿按自己的意愿、需要选择活动内容、方法、伙伴。让孩子学会独立，增强其参与运动的兴趣与信心。

1. 准备好毛巾

【目的】

（1）培养外出活动前准备的意识和习惯。

（2）学习整齐折叠毛巾。

【要点】

（1）将毛巾或手绢平铺在桌面上并抚平。

（2）两手捏住手绢两端对折成一长方形并抚平。

（3）两手捏住手绢的两端再次对折。

（4）把折好的手绢放在篮子里。

提示：可以让孩子先练习折纸，或者折自己的小手帕，在熟练后再用类似的方法教孩子折叠毛巾。

图 4-14　准备好擦汗的毛巾

2. 整理器械

【目的】

学习一人、两人、多人搬运中型器械的方法。

【要点】

（1）两个人分别站在器械（平衡木）的旁边，双腿微蹲。

（2）用手握住器械边沿并轻轻地抬起。

（3）看清楚周围的人或物，两个人一起

图 4-15　哪儿拿摆回哪儿

横向移动，或向前或向后，一直到达目的地。

（4）到达目的地准备放下时，一个人先将凳脚轻轻放下，另一人再把凳脚轻轻放下。

提示：对于小班的孩子，主要让他们收拾单个器械，并以游戏的口吻让孩子"将玩具送回家"，"寻找丢失的宝物"，等等。中大班的幼儿对玩具材料很感兴趣，愿意做力所能及的事情，而且集体活动存在安全隐患，在整理活动材料的过程中需要建立一定的规则，老师可引导孩子采取分组或轮流的方式进行活动，满足孩子整理材料的愿望，又保证了活动的安全。

（五）运动后的饮水习惯培养

喝水与健康有密切的关系，喝水也是幼儿园孩子的重要生活活动，我们对喝水的频率、水量均有严格的规定和规范。幼儿在参加体育运动前后都要喝水，尤其在激烈运动后更要补充水分。告诉幼儿水要慢慢喝，运动前不能喝太多的水。

准备好水壶

【目的】

（1）学会做好外出活动的准备。

（2）保证孩子运动所需的足够饮水量。

【要点】

（1）提醒孩子在过渡环节或早餐后装上足够的温水。

（2）外出活动时将小水壶背好，到达运动场地后统一放好。

（3）放在指定的位置备用。

（4）运动中，根据自己的需要自主喝水。

图 4-16　带上水壶，及时喝水

（六）运动后的清洁习惯与健康

运动前后良好的卫生习惯是保证孩子身体健康的必要条件。幼儿期是习惯养成的重要时期，抓紧这个时期进行培养，将收到事半功倍的效果。老师将生活的每个细节划分为若干明确的步骤，循序渐进地进行指导和帮助，使低年龄段幼儿更容易掌握。

1. 洗手

【目的】

（1）增强幼儿动作的协调性，培养专注力、独立性和秩序感。

（2）培养良好的卫生习惯。

【要点】

（1）卷起袖子，打开水龙头。把两手打湿，再关上水龙头。

（2）轻轻把手上的水甩一甩，两手抹上洗手液。

（3）两手按照搓手心、手背、指背、指尖、指缝、大拇指、手腕的顺序仔细将手搓揉一遍。

（4）打开水龙头，将手上的泡沫完全冲洗掉。关上水龙头，将手上的水珠对着洗脸池甩三下。

（5）用自己的毛巾擦干手上的水，放下袖子。

（6）涂少许护手霜（冬季）并均匀地搓揉。

提示：提醒幼儿注意卫生，回到班级或上完厕所之后要马上将手洗干净，如果手太脏则先洗手再上厕所。

2. 拧毛巾

【目的】

（1）学习拧毛巾的方法，能自己正确地洗脸。

（2）锻炼幼儿手部肌肉运动的协调性。

【要点】

（1）把擦手毛巾浸入水盆中或在水龙头下浸湿。

（2）对折两次，两手各捏住一头，协调地向相反方向转动，拧干毛巾。

（3）将拧干的毛巾抓住边缘抖散，并挂在毛巾架上。

提示：根据自己的习惯，扭转的方向或握毛巾的方向会有所不同。如果是大一点的毛巾，可以和老师合作。

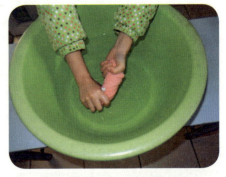

图 4-17　拧毛巾也是技术活

3. 将脸洗干净

【目的】

增进幼儿自我服务的意识与能力。

【要点】

（1）打开水龙头（水流量稍小些）。

（2）两手并拢，低下头，用两掌托水从下到上，从颌开始到额头洗两遍。

图 4-18　用水洗脸后用毛巾擦干

（3）用毛巾擦干脸上、手上的水，并仔细将手擦干。

（4）冬季把护肤霜先置于手掌心，然后用手指蘸些护肤霜，分别涂于脸颊、前额、鼻尖、下颌部位。

（5）两掌轻轻搓揉，直到护肤霜均匀地涂在脸上。

提示：教会孩子正确的洗脸方法，洗手同时将脸洗干净。如果洗手台的高度不适合幼儿，可以把水接入脸盆中，让幼儿蹲着洗脸。

二、户外混龄区域活动促进幼儿社会性发展

社会性是指在人的社会交往过程中建立人际关系，遵守社会行为规范，控制自身社会行为的心理特征。[1]幼儿社会化的形成实质是从一个生物人向社会人转化的过程。幼儿花大量的时间与同伴一起游戏、活动与生活，是幼儿社会化形成的重要途径，对其社会能力与良好个性的发展非常重要，有利于幼儿社会价值的获得、社会能力的培养以及认知和人格的健康发展。早期同伴交往不足或困难不利于日后心理健康和良好社会适应能力的发展。著名的教育家马卡连柯认为："独生子女没有兄弟姐妹，因而也没有互相体贴照顾的经历，这不利于发展儿童的集体主义意识，而会导致儿童的个人主义的蔓延。"目前，在相当一部分独生子女身上存在着一些明显的社会性方面的问题：自私、任性、依赖性强、独立性差、交往能力弱等，严重危害了独生子女的健康发展。如何利用幼儿园的集体教育环境，帮助幼儿克服成长中的不良方面，促进独生子女健康成长，是当今幼儿园社会性教育的重要任务。

图4-19　小树屋上活动的孩子们

（一）幼儿社会发展的内容

人的社会性发展的重要方面就是社会交往技能，它是人是否能顺利适应社会并开展正常社会交往的品质之一。混龄编班或混龄活动的形式，扩大了幼儿社会交往的接触面，为他们学习与不同年龄幼儿园的交往提供了机会，并能为幼儿提供更多的角色体验与经验，促进幼儿社会角色能力的发展，对独生子女的社会适应起着重要的作用。幼儿与他人交往的正确态度与技能是在游戏与活动中发展起来的，在游戏中使幼儿克服自我中心，也能为将来形成良好的个性奠定良好的基

[1]　华爱华.幼儿游戏理论［M］.上海：上海教育出版社，2000.

础。社会角色的扮演是人社会化形成的核心内容。[1]混龄教育能充分发挥幼儿的主动性，在该环境下，幼儿能大胆、清晰地表达自己的观点与同伴进行交往，学会对他人的理解与宽容，正确面对交往中的挫折和失败，进而不断增进他们对自身、他人、环境和社会的认知与理解。

幼儿社会性发展即幼儿的社会化，是指幼儿从自然人逐步掌握并内化社会道德行为规范与技能，成长为社会人的过程。它是在个体与社会群体、幼儿集体、同伴相互作用中实现的。混龄活动中的每个孩子角色都是动态的，是不断变化发展的。[2]幼儿的心理、社会角色随着年龄的增长、身体的发育，不断地发生变化。混龄活动的形式为幼儿对社会角色认知的发展变化提供了有利的条件，促进了幼儿的社会认知，使其身心同步发展。

不同年龄段的幼儿发展，其社会性的内容与特点不同，幼儿期是社会性发展异常快速而又不平衡的时期。幼儿的社会性知识习得是在他们原有的社会生活经验基础上，通过游戏、交往逐步构建起来的。这种知识经验的核心主要是亲社会行为，有研究者发现，混龄班孩子的亲社会行为更容易建立，他们在混龄的生活情境中，通过无意识的学习就习得了与他人共处的品质，如：大帮小，共享成功的快乐等。

在幼儿社会化发展的过程中，"自我中心"作为幼儿社会性认知的特点，由于他们还不能站在他人立场上看问题，也不了解别人为什么自己想法不同，使得他们会出现许多阻碍沟通交流的行为。[3]因此，幼儿的社会性发展进行得是否良好不仅对其身心的正常发展产生深远的影响，还会对他们适应现代社会的要求与期望产生重要影响。

（二）区域混龄活动对幼儿社会性发展的意义

幼儿期是幼儿身心发展的第一个加速期。此时，幼儿认知、情感、行为等方面的身心发展水平有较大差异。混龄班的幼儿在情感能力、社会认知及社会行为技能等方面发展的水平呈现出高低不同的差异性，但也表现出"接近性"和"渗透性"。混龄教育的实施，弥补

图4-20　茶趣园里学茶艺

［1］　赵国祥.心理学概论［M］.北京：光明日报出版社，2007.

［2］　庞丽娟.教师与儿童发展［M］.北京：北京师范大学出版社，2003.

［3］　陈帼眉.学前心理学［M］.北京：人民教育出版社，1998.

了独生子女家庭生活中的交往不足，较好地满足了幼儿社会性交往和开展合作学习的需要，也对幼儿的社会角色扮演、交往能力及社会责任感的形成有不同程度的促进。

1. 混龄教育促进幼儿社会认知的发展

幼儿社会认知的发展主要包括社会知觉能力，判断能力的发展。社会认知的基础是对自我、他人、各种人际关系的知觉。在婴儿期"客体永久性"知识的基础上，伴随着社会活动范围的扩大，幼儿的社会认知结构也在不断发展与完善，人际交往中的各种社会性知识、技能也在逐渐充实与丰富，幼儿获得了初步的社会印象，掌握了初步的道德评判标准。

开展混龄活动对幼儿的认知发展的作用是建立在认知冲突的基础上的。幼儿接触不同年龄、经验、个性和发展水平的同伴时，会发展认知冲突。由于互动双方年龄差距相对较小，认知冲突往往发生在各自的最近发展区内，因此，这种冲突能够促进互动双方认知的发展。

蒙台梭利提出：混龄编班模式有利于幼儿社会交往与开展合作。向同伴学习比向成人学习会更加自然有效，并且不会感到压抑。在与同伴的交往中，大孩子既可以巩固自己已有的知识，还能意识到他所做的一切会被小孩子模仿，从而做出更积极、正确的行为示范。

影响幼儿同伴关系的主要因素是社会行为和社会认知。在与同伴开展游戏的过程中，幼儿能逐渐认识、了解到他人的特点及自己在同伴心目中的形象与地位，能学会与同伴发生冲突与矛盾时如何表达自己的正确观点或放弃自己的想法达成妥协，从而提高其社会性技能。

2. 混龄教育促进幼儿社会情感的发展

情感能力是个体对情感进行体验、交流和调控的能力。混龄教育在实践中验证了培养与发展幼儿情感能力的优势并有着明显效果，我们有必要在教育实践中进一步深化和探讨这种优越性，为幼儿社会情感的培养寻找出一条好途径。

幼儿的情感能力薄弱即情感交流与控制能力低，可塑性强，更容易被外力引导，对环境的依赖性强。由此可见，情感的薄弱性决定着幼儿情感能力的发展；可塑性使培养成为可能；而依赖性则让我们明确了培养的方向，因此实施

图4-21　游戏促进合作

混龄教育、丰富和优化幼儿的人际环境是非常必要与关键的。

混龄角色游戏互动，使幼儿的社会生活体验、心理健康等得到了良好的发展，有利于其社会情感的发展。混龄教育中幼儿间的互动使他们得到了情感体验的机会，在施教者的正确引导下有利于幼儿健全人格的发展与形成。

在社会情感的发展过程中，幼儿之间存在着年龄、能力、经验等各方面的差异，这些差异在混龄教育中更加明显，幼儿从小班进入大班身份的纵向变化，从需要帮助的小弟弟成长为学会付出的大哥哥。不断变化着的角色使幼儿得到了更多社会情感体验的机会。为促进幼儿情感交流能力的发展，在实施幼儿混龄教育时，要注意维持混龄教育给幼儿带来的良好体验，培养幼儿对同伴的各种感情敏锐性，同时要防止幼儿不良体验产生，对不同年龄间幼儿的不正常行为教师要能够识别、及时发现与制止，并指导幼儿改正。

幼儿与其他幼儿情感交流是多角度与多维度的，有助于其能力的发展、集体意识的培养。在混龄教育中老师可以人为地设置各种多层次与多维度的活动以促进社会情感交流的发生，有意为幼儿创造交流的机会，使他的社会交往面得到新的扩展。通常经过一学期的生活、学习、体验、交流，混龄幼儿间的互相关怀、学习、体谅、给予的情况会有较大改观。交流方式的复杂与多样，有助于幼儿情感交流能力的增强，促使幼儿学会体验他人的感受，学会同情、理解其他幼儿，并进而为集体意识的建立与发展打下坚实的基础。

情感调控能力是指个体能自觉有效地将自己的情感体验在情感波动或消极情感产生时导向积极的方向。[1]丰富的情感体验是情感调控能力的基础，多角度的情感交流是其重要条件；混龄教育能够使幼儿情感体验的范围得到有效扩大，使幼儿对积极情感的敏锐性和对消极情感的承受力增强，为幼儿提供了较多的进行积极情感和消极情感体验的机会，有利于培养对积极情感的认同与渴望。因此，混龄同伴交往活动在锻炼幼儿情感控制能力方面作用重大，如年长同伴的积极行为为年幼幼儿提供了良好的榜样作用，由于年龄的相近与最近发展区的相近而更具感染力，因而年幼幼儿通过与年长同伴的交流，可在榜样的感染下逐渐克服自己的消极情感（胆怯、任性等）。而年长的幼儿在年幼的同伴面前也有做榜样的自我心理暗示，他们喜欢担当"哥哥姐姐"的角色，自觉展示积极的一面，克服自己的任性。

3. 混龄教育促进幼儿个性的发展

心理学中"个性"的定义是指一个人基本的精神面貌，即表现出的经常的、稳

---

[1]　刘文.蒙台梭利幼儿教育思想与实践［M］.大连：大连出版社，2002.

定的、本质的心理特征总和；它强调的
是个体的需要、特征、独特的权利、个
人发展、自我实现以及个体在世界上的
唯一性等。[1] 个性是个体在各种心理过
程、心理成分发生发展的基础上形成的。
从个性的心理结构看，个性倾向性的形
成与需要和活动动机有关。促进幼儿个
性品质的良好发展不只是提高幼儿认知
的能力，更重要的是在日常生活中培养
幼儿良好的生活卫生习惯、自理能力、

图4-22 游戏促进交往

社会认知能力与良好的社会情感，从而达到促进幼儿个性和谐发展的目的。幼儿个
性发展存在着差异，游戏中矛盾会随处产生，因此在游戏过程中要学会协商、让步
与合作等亲社会行为。如角色游戏中，幼儿通过扮演角色承担各种社会职责，体验
与角色相适应的社会情感，遵守社会所要求的规则，进而学习各种社会规范、行为
准则。在游戏进行中实现了与别人的沟通，并通过认知他人的观点来调整自己的行
为，逐渐把社会所要求的行为规则内化为自己自觉的行动，并迁移到现实的生活中。

　　在混龄班环境中游戏、活动能促进幼儿交往合作、友爱帮助等亲社会行为良
好的发展，解决问题的能力得以提高，自信心得到增强，从而促进幼儿社会性与
个性主动和谐地发展。幼儿期不同年龄幼儿之间的相互交往，共同生活，有利于
幼儿社会能力的均衡发展以及个性的和谐发展。

　　混龄活动中，老师要注意把握契机为幼儿提供一种轻松、融洽的环境，使幼
儿拥有更多的机会进行情感体验。该环境中幼儿既有同龄伙伴又有混龄朋友，彼
此之间由相互不适应发展到如同兄弟姐妹一般的亲密关系，发展了由"自我中
心"到"心中有他人"的意识，在潜移默化中学会了与人交往的正确态度和技
能，学会了关心、分享、合作等亲社会行为。与同龄互动相比，混龄互动中的幼
儿之间交往更加轻松，学习无意识性更强；年长幼儿在各种活动中会不自觉地向
年幼幼儿传递自己的知识、经验、技能，显现出较强的自信心、自豪感和成功
感。由于具有做年幼幼儿榜样的心理暗示，年长幼儿能够克服任性、自私和缺乏
责任心的弱点，自我控制能力和宽容他人的品质与意识得到了一定的发展，促进
了幼儿学会体会别人的感受，学会同情、理解别人。幼儿在这种类似于家庭的环
境与社会性发展方面，更具爱心，更懂得与别人分享快乐，克服自己的胆怯、退
缩等消极情感，为形成积极健康的个性奠定了基础。通过对许多文献的分析，我

[1] 陈琦，刘儒德.当代教育心理学［M］.北京：北京师范大学出版社，2007.

图4-23 游戏带来快乐

们看到社会性交往是一种人际之间普遍存在的交流与沟通的过程。在混龄教育中，幼儿通过交往彼此了解，形成共同的观点与思想，达到幼儿之间的人际沟通，进而协调各种认知活动，保证交往的合作与进行。社交不仅能够深化幼儿的各种认知，拓宽思路，而且可以发展幼儿的言语理解与表达能力，有助于掌握合作技巧、培养合作精神。

社会交往能力是幼儿社会性发展的重要方面，它影响着幼儿的自我认识与社会认知，社会交往能够丰富幼儿的情绪与社会情感体验，还有助于幼儿逐步掌握社会道德规范，形成良好的文明行为习惯。与同龄交往相比，混龄交往活动减少了角色竞争带给心理、情感的冲击，有利于幼儿认识自身的客观条件，能够促进其角色定位能力的发展，也有利于帮助、合作、分享、谦让、对他人负责等亲社会行为的发展。

个体在由不同年龄、不同层次的社会成员构成的社会关系中进行社会交往才可实现自我、发展自我。日常生活中我们能观察到幼儿有一种与生俱来的与非同龄人交往的倾向。在某种程度上，混龄交往是人的发展、甚至是人的生存所必需的。混龄班级中，幼儿之间的各种差异是开展合作学习的前提，有利于幼儿亲社会行为的发展，幼儿的社会理解能力也得到了提高，年长幼儿的社会责任感与自控能力得到了增强，年幼幼儿的社会化参与程度也得到了有效提高。

幼儿期是一个人的社会交往开始形成和发展的时期，尽管该时期幼儿交往能力的提高需要成人的指导，但是同龄人的交往，对于幼儿掌握社交本领有更重要的意义。在混龄教育中，教师可以通过情景表演、游戏及日常生活每一环节的实施对幼儿进行社会交往能力的教育，以语言教育为突破口，提高幼儿对社会交往的认识，减少交往中的障碍与冲突，培养幼儿良好的交往行为。教师要注意抓住日常活动中的各种教育契机，适时教会幼儿交往的技能、学习交往的技巧，并懂得合理使用。成功的社会交往既能增强幼儿交往的信心，又能强化幼儿的良好行为。

三、混龄教育促进幼儿社会性发展的策略和实践

混龄教育作为组织班级或组织活动的一种重要形式，它蕴涵着现代教育理念中的"学会合作、学会学习"的内涵，在这种教育理念的关照下，随着幼儿园课程改革的推进和深入，幼儿社会性及个性和谐发展成为幼儿教育改革的核心目

标。混龄教育活动的优势在于有效贯彻这种教育理念，实现幼儿教育的重点与核心目标，通过仔细规划，发挥混龄教育的巨大潜力。

（一）培养合作，增强认知

社会认知是幼儿社会性发展中的一个重要组成部分，指的是个体对自我、他人和人际关系的认知。[1]认知教育包括对自我及他人的认识，对日常行为规则、社会性交往规则的了解与掌握，对他人意见和想法的理解、领会与尊重。提高幼儿的社会知识是开展幼儿社会性认知教育的知识基础。认识自我、他人、社会的有机结合是开展幼儿社会性认知教育的必然选择。幼儿社会认知的

图4-24 协调促合作

发展是幼儿社会化的重要内容，起着决定性作用，构成幼儿社会认知基础。就人生发展的整个过程而言，幼儿时期的社会性发展对幼儿个体从自然人转向社会人有着重要的关键性作用。

皮亚杰认为，同伴及同伴交往对孩子的认知发展起重要作用。幼儿对社会认知学习是通过同伴和环境的互动来实现的。幼儿与其他同伴的互动增加了认知冲突，有了与同伴的争论，幼儿看到了别人与自己观点的不同。由此，幼儿开始适应并组织自己的社会认识构架，增强其社会认知。认知发展的研究也表明，当不同年龄阶段的幼儿进行交往互动时，只要他们的认知与理解水平不同，认知冲突就会出现。因此，当一名幼儿与社会认知成熟水平不同的幼儿进行社会性交往互动时，他会产生社会认知冲突。社会认知冲突并不必然导致社会认知发展。此类社会认知冲突有助于社会规则与行为规范的学习，并不只是"不懂规则"的幼儿简单地接受并遵守规则，在社会规则并不理解上存在冲突的个体之间的互动致使"不懂规则"的个体以"社会认知重构"的形式内化了新的理解与规则。理想的社会认知冲突通过向参与者提出挑战而刺激了社会认知的发展，这种挑战要求参与者去同化和顺应因理解不同而展现出的新社会规则与行为信息。

混龄活动，小孩子与大孩子一起游戏、玩耍，因而有机会向大孩子学习并得到他们的帮助，大孩子也能找到自己应有的位置，他们在一起，合作的机会多，竞争的压力小，合作成功的概率高。例如，孩子们3人（大、中、小班各1名）

[1] 邓敏，张雪峰.儿童心理理论研究对社会性发展的启示［J］.科教文汇，2009（2）：63-72.

一组进行混龄建构活动，大家一起讨论、观察和动手操作，共同协调与合作，此类活动大大提高了幼儿间合作的主动性，增强了幼儿的合作意识。通过细致观察，我们发现大孩子的合作意识更强一些，原因在于大孩子的认知结构、生活经验、语言表达等方面有一定的优势，他们在这个活动团体中愿意与低龄孩子合作，并且会不自觉地亮出领导者的身份，对小孩子显示出关心、帮助、忍让和宽容。而小孩子由于知识和经验的不足，与大龄孩子相处时自然处于从属地位。他们经常被动接受大孩子的帮助，服从他们的指导，同时也模仿他们的行为，无形中促进社会认知的形成。

（二）培养情感，学会分享

混龄教育的实施对幼儿社会性情感能力的培养与发展影响尤为突出，其作用体现在情感体验、交流、调控三大方面。混龄教育为幼儿提供了更多的情感体验机会，情感教育是幼儿社会性教育的核心内容。由于自我中心的年龄特点，幼儿不能站在对方的角度思考问题，理解别人情感的能力较差。对他们来讲，丰富的情感要在亲自亲历某事的过程中才能获得，或者在心理层面上通

图 4-25　亲子游戏

过虚拟地"亲身经历"，即移情来达到认识或体悟。幼儿社会性教育过程不仅仅是社会认知与规范的获得，更应是一种情感的召唤。所以情感体验对幼儿良好的个性形成作用巨大。而在混龄教育组织形式中，幼儿角色的多样性及角色的动态发展性使幼儿有了更多的情感体验机会。

学会分享是情感教育的重要部分，在日常生活中，幼儿喜欢把发生在自己身上的事情、感受、愿望告诉他人。然而，由于存在交往能力的局限，幼儿有时并不能准确地把自己的真正意愿表达出来，常常出现"事与愿违"或"弄巧成拙"的情况。此时，教师要给予幼儿支持和鼓励，幼儿的同伴交往任务就能得到很好的发展。挖掘游戏的教育功能，增进幼儿的情感体验，是实现对幼儿情感教育的目标。混龄游戏中，幼儿可以学习协商、分享、合作、谦让等，有利于更好为他人着想、克服自我为中心，也有利于良好社会道德情感的培养。在活动中我们对比发现，混龄活动对幼儿分享行为的培养作用显著，年龄越小提高速度越快。因为刚入园的小班孩子自我意识强于中大班孩子，通过混龄活动，他们从不会分享到学会分享，在哥哥姐姐们的带动下，体会到了与别人分享的快乐。

（三）塑造人格，发展个性

幼儿的人格发展是一个不断社会化的过程，广义的个性教育包括品行教育、审美教育和情感教育。班杜拉（A.Bandura）认为人的个性是在观察过程中形成的，人们首先观察榜样的活动，观察的结果在人们的头脑中形成一种意向，正是这种意向指导人们在处于与榜样相似的情境中时，做出与榜样相似的活动。在进行观察学习中，人们可以不进行与榜样相同的外部反应，也可以不直接受到外部强化，只通过观察学习过程，人们就可以形成多种多样的行为，从而也就形成个性。混龄教育有利于培养幼儿的良好个性品质，幼儿在混龄班的角色是动态的，它为培养孩子良好的社会适应能力及良好的个性品质创造了有利的条件和机会：从最初的被照顾者发展到照顾别人，从一个"弱者"努力地学做"强者"，发展到成为"强者"。大孩子对小孩子帮助、指导的同时也增强了自己按规则要求做事的责任感，促使责任感得到进一步发展。小孩子在遇到挫折时，大孩子会通过鼓励、帮助来淡化和改变他们受挫的意识，激发小孩子的自信心。在混龄活动中，幼儿责任感和自信心的形成作用非常明显。

（四）关注社会交往能力

人际交往是幼儿社会性发展的源泉，社会交往能力构成了幼儿社会能力的核心。幼儿的社会生活在交往中展开，社会性教育也在交往中进行，培养幼儿交往能力实质上构成了其他社会性教育的必要条件。培养幼儿在进行社会性交往时使用商量性交往语言的意识，以便更好地协调双方行为。刚入园的幼儿有一个共同的特点：运用语言交往的能力相对于年长幼儿较差，不善于与同伴交谈，在进行社会性交往时，不会用合适的语言表达自己的想法和态度，也不善于根据不同情况运用恰当的语言向对方做出回应或解决问题，他们更喜欢运用自己的身体语言来解决问题。

幼儿混龄教育是让不同年龄段的幼儿一起进行感知、产生互动的学习过程。混龄教育活动的目标包括认知、情感、社会性等多方面，且按孩子的差异提出不同的要求。因此，在实施交往教育时，要注意不同年龄段幼儿的相互作用；交往活动内容应丰富，兼顾不同发展层次幼儿的需要；活动材料应满足不同发展水平幼儿的需要；活动方式多样，在实施交往教育活动时，分重

图4-26 孩子们在拼装毛毛虫

点对幼儿进行指导，同时注意交往教育活动中幼儿的互动。混龄交往对幼儿社会性能力的发展起着不可替代的作用。混龄同伴交往活动中，小孩子有与大孩子交往的愿望，对大孩子的观察、意愿、情感能做出相应的行为调整。大孩子对交往情景及规则的认识与判断很容易影响小孩子；而且大孩子能容忍小孩子的过错行为，与他们一起活动时，能从积极快乐的角度认识与小孩子的交往活动，探究积极有效的交往方式。即使在与年幼者发生矛盾时，大孩子也能控制住自己的情绪冲动。在混龄教育中，年龄的差异和同龄之间的个体差异交织在一起，而且不同的混龄组合在不同的教育背景中，其表现形式也是不同的，教师要同时面对不同年龄的孩子，孩子发展水平的差异使教师要依据多个不同的发展目标和指导原则对幼儿进行社会交往教育。在混龄活动中培养幼儿社会性交往能力的效果是非常有效的，利用幼儿对活动本身浓厚的兴趣，当他们遇到困难时引导其他同伴合作互助渡过难关，幼儿就能体验到成功社会交往后的乐趣，进而更加愿意与他人进行社会性交往。幼儿在混龄活动中相互合作的行为，可以发展到生活中，使他们社会交往能力得到不断提高。混龄互动活动不但提高了幼儿的社会交往能力和社会适应性，还有利于帮助他们初步掌握一些与人协调合作的技能和解决问题的方法。事实上，小班年龄的幼儿交往能力增长是最快的，因为进入幼儿园这个新环境后，他们更乐意与朋友交往，混龄班哥哥姐姐的关爱和帮助使他们减缓了分离焦虑，身心愉悦地融入集体中，很快适应了幼儿园的生活。

第二节　基于教师专业发展的变革

一、认识幼儿年龄特点和发展需要，有效组织区域活动资源

　　"学前教育机构是幼儿走出家庭后获得的最初经验。那么，对幼儿来说究竟什么最重要？"美国学者提出的这一问题，引发了幼教界对学前教育目标的进一步思考。随着新《纲要》的颁布和幼教改革的深入，人们越来越意识到，要把教育目标的重点从以往注重知识技能和智力发展转移到幼儿的全面发展上来。

（一）全面认识儿童与儿童的发展

　　全面地认识儿童与儿童发展主要指：

　　（1）儿童是独立的、积极主动的个体，有自主活动、独立活动和充分活动的能力和权利。

　　（2）儿童是完整的个体，其发展包括身体、认知、情感、社会性、个性等方

面的全面发展。

（3）儿童是正在发展中的个体，具有充分、巨大的发展潜能。

（4）儿童在与周围环境、他人的积极主动的相互作用中不断成长、发展。

（5）儿童的发展具有个体差异，不同的儿童具有不同的身心发展特点、不同的优点和缺点。

蒙台梭利提出：2—4岁是儿童秩

图4-27　新器械使用培训

序性发展的关键期，3—5岁是幼儿自我控制发展的关键期，4岁是幼儿同伴交往发展的关键期，5岁是幼儿由生理性需要向社会性需要发展的关键期。从而可见学前阶段幼儿的学习应该以社会性学习为主，人格与社会性发展是这一阶段的主要任务。而混龄区域活动为幼儿的社会学习创设了丰富的人际交往环境，一个儿童在混龄区域活动中的角色是动态的，是会不断变化发展的：从最初的被照顾，发展到照顾别人，从一个"弱者"，努力地学习"强者"，发展到成为"强者"。随着年龄的增长、身体的发育，他们的心理、社会角色也在不断地发展变化。在角色的转换中，他们能更好地体验别人的感受，更好地理解别人，控制自己。幼儿在与年长者的交往中增加知识经验和技能学习的机会。在与年幼者的交往中，增强社会责任心、自主感和组织能力。与同龄区域活动相比，混龄区域活动增加了幼儿与多年龄层次幼儿的接触机会，使幼儿获得了丰富的角色体验，使幼儿在社会认知、社会情感、社会能力的培养上明显优于同龄区域活动形式。

（二）创设有意义的情景，有效组织区域活动

1. 创设支持性的环境

在各个区域中要为幼儿创设健康、丰富的生活和活动环境，以满足幼儿多方

面发展的需要。我们知道，环境不仅是物质的、精神的，还是活动的。户外活动区域也是幼儿另一个学习与成长的世界。孩子通过与同伴、材料的互动，认识、了解并丰富自身的内在经验。教师也可通过组织形式多样的各种活动实现教育环境的创建，而且必须认识到：无论是区域的划分，材料的设置，活动的组织、要求、引导等都要以支持幼儿自

图4-28　现场观摩教研

主活动、主动探索和充分体验为核心，设置多种游戏、问题的情景来激发、调动幼儿参与学习的兴趣和积极性。

2. 促进幼儿积极的互动与交往

在区域活动中，师幼互动、同伴交往也是幼儿重要的学习资源与环境。在区域活动中的帮助、指导、观察、模仿、合作、讨论、协商学习锻炼了幼儿的各种社会技能、解决问题的能力，建立起适宜的情感、态度和自制的意识等，有效地形成一种利于幼儿学习与发展的合作学习氛围。而教师承担着活动中支持、合作和引导者的角色，以关怀、尊重、接纳的态度，以积极的鼓励和正面的评价为活动中的幼儿创造一个健康、和谐、温暖的学习与发展环境。

环境和材料作为幼儿活动的空间和发展的载体，在区域活动中承担着重要功能。在混龄区域活动中，经过几轮的活动后，幼儿不仅熟悉自己所选择活动的区域环境，还对材料的组合和使用有了更深的认识。这在一方面可以促进幼儿更熟练、更深入地与区域融合和使用器械材料，另一方面老师也要不断地开发新的材料和变化材料组合，以保持和促进幼儿在同一区域活动的兴趣。值得注意的是，教师应具备强烈的目标意识，通过观察和评价预设活动目标，明确区域混龄活动中幼儿发展的各方面目标及相互间的关系，结合幼儿的生活经验及现有资料，合理配置辅助材料，创设丰富的游戏情景，运用多样化的活动形式，最大限度地让幼儿与环境、材料、同伴发生有意义的联接，促进幼儿素质能力的发展。

3. 以个性教育为主构建混龄区域活动模式

确实，不同年龄层次幼儿的认知结构、发展速度、经验基础、心理特质等有较大的差异。因此，同一目标、统一步调的活动形式已不能适应不同年龄段幼儿的需求。为此，依据幼儿的具体情况实施个性化的教育在混龄区域活动中就显得尤为重要。因此，在混龄区域活动中，我们主张以个性教育为主要方式来构建混龄区域活动模式。在混龄区域活动中，以开放性的活动为主，孩子们可以根据自己的情况主动地学习，或以兴趣、或以知识经验、或以需要等为依据在各区域内活动，教师则观察了解幼儿的行为表现和个性特点，根据幼儿的具体发展情况有的放矢地实施教育，使幼儿真正自由的学习，并使"教师教育儿童"、"儿童教育儿童"的方法相结合，通过同龄促进、异龄促进、角色换位等方式，促进不同年龄、不同水平、不同个性的幼儿在其原有水平上有较大的发展与提高。

二、以研究性学习为依托，促进教师的专业成长

幼儿与同伴之间社会关系的形成离不开教师的中介作用。教师利用同伴的中介作用将不同年龄的幼儿联系起来。然而，将不同年龄的幼儿组织在一起并不能

自发地导致教育的成功，幼儿在其中的学习经验和活动环境的质量才是混龄教育成功的关键因素。教师作为幼儿教育的领导者和组织者，教师的儿童观、教育观和知识技能是影响幼儿异龄交往的一个关键因素，教师要将自己对混龄教育价值的认同感通过提供适宜的、有效的幼教实践活动来达成，在指导实践中，将观念转化为实际行动。混龄教育对教师提出了很高的要求，为了满足各

图4-29　观察、发现运动中的孩子

年龄幼儿发展的多种需要，老师除了具有为幼儿创设开放、多元的学习经验环境的能力外，还必须掌握丰富的教育策略对幼儿的交往给予适宜的引导。

（一）提高观察分析能力

混龄教育使教师面临多元目标的挑战，在混龄活动中，教师只有细心观察幼儿的行为，才能真正做到因材施教，促进幼儿在原有水平上得到发展。混龄活动中老师面对的孩子不同玩法和不同的行为，其背后隐藏的是孩子们不同的发展水平和发展特点。

（二）提高活动的指导能力

在混龄活动中，教师不仅要细心观察幼儿的行为，还要能即时判断和分析幼儿所呈现行为发展的意义，通过观察来"读懂"或"看懂"幼儿的思想，从而采取有效的应答和指导策略促进幼儿的交往。在幼儿的交往活动中，教师要做的是使自己成为一个合法的"边缘"参与者，既不过多干预幼儿，又不放任自流、不闻不问。教师的作用在于在活动中引导幼儿运用恰当的交往策略，促成幼儿从与"物"的交往到与"人"交往的过渡。幼儿的年龄特点决定了整个幼儿期都存在与"物"交往为主的特点，教师要有意识地引导幼儿在与"物"交往向与"人"交往的转移，鼓励幼儿多与"人"交往，这种过渡的恰当与否、顺利程度如何将直接影响着幼儿以后的人际交往行为、态度和能力。混龄教育对教师的专业素养是一种挑战，同时也是一种培养，教师的指导策略是随着幼儿发展需要的多样化逐步形成的。

（三）提高活动评价和反思能力

活动的评价是教师基于区域环境、材料组织与运用以及幼儿活动情况的评估，在混龄活动中还需对不同年龄幼儿之间的互动情况、具体表现做出针对活动

适宜性和有效性的评价。同时对教师自身在活动设计、指导方面进行反思，并在此基础上对活动进行调整和改善。这种反思也是基于系统专业理论、经验借鉴和实践检验的一种教师专业成长的模式，这是一种自我研究性学习的专业成长方式。

三、促进教师生态课程观的建立

区域混龄活动的开展不仅是我们遵照幼儿科学学习与发展理念的一种幼儿园实践活动，也是促进幼儿园科学、有效开展园本课程研究的践行。在区域活动的实施中，对园本课程构建的依据也有了越来越明确的认识和理解。

（一）回归自然与生活，树立生态课程观

在传统的教学论系统概念中，"课程"往往被理解为规范性的教学内容，教材、教学内容成为教学的主体，幼儿则成为被支配和控制的一方，这样的课程不断走向孤立、封闭和僵化，教学也变得机械和沉闷。幼儿园课程的基本特征是活动，不"活"不"动"就会走向封闭僵化老路。而自然教育和生活教育作为现代生态教育观理念统领下的课程内容，其生长性和开放性为课程注入无限的生机与活力。传授知识本身无可非议，但教师不能把知识与主体相隔离，而且知识作为主体的一种内在经验的提升，不仅仅与外部现实有关。课程作为知识和经验的载体，应该具有开放的精神。正如美国学者鲍尔斯所倡导的："课程必须培养一种联系意识，不仅同代人要相互联系，人和生命系统中的其他成员也应该相关联系。如果我们要获得真正的可持续性，就必须把这两类联系看成是意识转化的一部分。"[1]生态课程观让我们回归幼儿的生命和生活，让教师在设置和组织课程活动中以幼儿的生命事实为起点，以幼儿的现实经验为依据，以其整体生活为基础，呼唤和顺应幼儿的心理、生理的发展流程，挖掘幼儿自身的潜能，发展其主体性意识。

图4-30 观察、记录孩子的学习

[1] 汪霞.课程研究：现代与后现代［M］.上海：上海科技出版社，2003：272.

（二）塑造平等与尊重，确立生态互动的师生观

民主、平等、开放的师生交流、交往和对话的课程理念是针对过去幼儿园教育活动中师生互动的不对称性所提出的现代师幼互动理念，它是基于一种平等和信任的现代新型师幼关系的理论。教师必须要相信幼儿具有学习的天性和无限发展的潜能，要认识幼儿是独立的个体。生态性教育课程必然要求把幼儿学习的外部压力和内容压力、意识和身体活动、情感和认识活动、社会规范的要求和幼儿天性统一起来，创设一个和谐的、充满关爱的人际气氛，让幼儿最大限度地产生心理自由和心理安全感，进行忘我的学习与生活。这种自主和忘我的状态被称为"自组织"（另一个就是"被组织"）。所谓自组织，就是事物不是由于外部的强制，而是通过自己内容的组成部分之间的相互作用，自发地形成有序结构的动态过程。而卡普拉指出："自组织的两种最重要的动态现象是自我更新和自我超越。自我更新就是在保持结构完整的同时，生命力不断更新部分的能力。自我超越就是在学习、发展和进化中，创造性地跨越自己躯体的智慧界限的能力。"[1]准确地说，教育活动是一个人工的生态系统，一个自组织的动态开放系统。在这个系统中，教师与幼儿是相互联系，相互独立，互相尊重，平等互信的。

---

[1] ［美］弗·卡普拉.转折点：科学、社会、兴起中的新文化［M］.冯禹译.北京：中国人民大学出版社，1989：199.

第五章 发展有保障
——评价的实施与发展

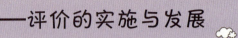

　　教育评价是一种对教育对象的价值判断。评价是教师依据一定的教育价值或教育目标，运用多种记录的方式，系统观察幼儿在活动过程、活动结果，搜集、分析相关资料和信息，并对幼儿的表现做出价值判断的过程。在区域活动中，评价能帮助幼儿提炼活动经验，增强他们后续参与活动的自主性；同时，它还是对教师组织活动水平的一种判断，从一个侧面呈现出教师观察幼儿活动的能力、分析幼儿的行为的能力。[1] 我园开展户外混龄区域活动，也需要通过观察、记录与评价、分析，来获取教育成效判断与教育调整的依据。

第一节　对户外混龄区域活动评价的思考

一、评价中存在的问题

　　在实施评价户外混龄区域活动的过程之初，我们也发现在评价工作中还存在不少问题，引发了我们对活动评价的思考。我们只有正视评价中存在的问题，才能更有效地提高活动的组织，增强幼儿积极参与的兴趣，提升教师的专业素养，提高活动的组织质量。

（一）评价视角不全面

　　在户外混龄区域活动中，教师往往容易站在成人的角度来进行观察和做出评价，围绕预先设计的观察评价表的内容，笼统地对活动区内幼儿的整体情况做一个大概的描述性评价，只注重了整体性，而忽视了幼儿的主体性，未能重视幼儿间的个体差异、年龄差异。对活动区内不同年龄段幼儿应达到的动作水平、能力发展等

---

[1]　甘雪涛. 当前幼儿园区域活动评价存在的问题及其解决策略［J］. 教育导刊（下半月），2014（5）：44－46.

缺乏一个准确的认识。教师们往往习惯在活动结束时才进入评价环节，以总结的方式来进行评价，因此，那些语言表达能力弱一些、性格内向一些的幼儿往往在评价环节由于缺乏主动表达的机会而容易被忽视。由于部分教师缺乏观察的意识和方法，评价往往简单地进行横向比较或是一种"走马观花"，流于形式。有的只是采取几个简单的封闭式问题"开不开心"、"好不好"等来询问幼儿，简单地得到异口同声的回答就当做是评价了，无法从专业的视角来分析、判断幼儿的行动动机、发展水平和获取的经验等，对于那些能力较弱、在活动中存在的个别化问题或材料使用、安全意识方面等方方面面的情况，在评价中难以体现。老师往往掌握着评价的"话语权"，幼儿在此环节常常成为配角，只是听从老师提出的问题作答而已。而且，评价也往往是教师事后的陈述性语言在表格中的记录，缺少活动的过程性评价，即生生互动、师幼互动性的多元方式评价。因此，户外区域混龄体育活动的评价，主体只有教师，幼儿未能较好参与评价，这样的评价是不全面的、不科学的。

（二）评价缺乏目的性

在教育评价过程中，主体做出价值判断时，必须有明确的评价目标。[1]但在户外混龄区域活动中，我们也发现，老师们的评价往往带有随意性，缺乏目标的指引，导致评价流于形式，不能很好地发挥评价的诊断功能和指导作用。教师容易在评价的用语中经常使用对集体的概括性评价，如"你真棒"、"你真能干"，由于用词较为模糊，没有具体的说明，棒在哪里？能干又表现在哪里？因此幼儿很难从这样的评价中获得新的榜样动力。没有清晰地、针对性地指出问题或优缺点，缺乏诊断性评价和分析，评价就给人"放之四海皆可"的感觉，对户外混龄区域活动这一特定的活动形式与特点把握不足，活动目标和指导性不明确，导致评价无法发挥应有的"提炼经验、总结方法、提升能力"的功能。

（三）评价内容太空泛

户外混龄区域活动的评价应指向幼儿在各个领域发展的需要。如活动中的参与性、合作性；知识经验的积累；规则与安全意识；创造性表现等方面。而在现实的评价中，却出现"以偏概全"片面评价的情况，评价形式单一且评价内容表述空泛。有的教师只关注幼儿"做了什么"，但活动中是"怎样做"、"做得如何"、"为什么做"往往一带而过，缺乏重点，描述不清，表达缺乏细致的观察和有效的分析，因而造成问题反复出现而熟视无睹，或是因教师对进入负责区域活动的幼儿缺乏主动、积极地关注，纯粹是为了完成任务，提供了材料后，就成了"放羊式"的自由活动，这样就更谈不上有针对性、目标性地进行评价了。未能

[1]　鄢超云.学前教育评价［M］.北京：高等教育出版社，1998：241.

端正态度，认识到户外混龄区域活动对幼儿身心全面、和谐发展的积极作用，只是感觉改变了固有的以班级为单位的组织形式而已，未能从根本上理解其对幼儿身体、心理、社会性等方面所发挥的价值。

二、建立完善的评价体系

经过一段时间的探索与实践，我们逐步认识到评价对于有效保障户外混龄区域活动高质量开展的重要作用，经过学习、研讨，从提升教师思想认识入手，加强理论与实践相结合的研究，逐步打开了局面，也梳理出了一些对活动评价的思考和经验。随着《指南》的颁布，我们在《指南》新精神的引领下，观察了解幼儿在不同区域中活动的表现，探讨幼儿在户外混龄区域活动中的学习与发展的评价方向与方法，努力让多元的评价方法成为实现《指南》领域目标和促进幼儿身心和谐发展的强大推动力。

（一）科学筛选评价指标

户外混龄区域活动是建立在开放的空间、自主地选择、自由地参与基础上的。因此在评价指标方面，我们要看到幼儿园户外环境整体创设与利用的情况，还要充分考虑幼儿与教师两大主体共同发展的需要。幼儿园应科学合理地划分园内户外环境，充分利用自然条件和创设可能的其他条件，为开展户外混龄区域活动提供基本的硬件基础。幼儿可在一定程度上自选区域、自选同伴、自选材料参与自主活动，因此在评价指标确定方面要抓住几个自选、自主的关键，还要体现在自主同时的自我管理能力，因此良好的活动常规与安全意识也很重要。教师也是区域活动中的主人，经过幼儿园统筹规划了户外区域功能的大片块划分之后，教师可以根据户外区域环境设置的情况，自主设定区域内活动游戏的内容目标、自主准备活动材料，活动的指导和参与的程度也是由教师自行把握的。因此，我们可以从区域划分及标识（幼儿园角度）、材料的投放及目标、教师指导及方法（教师角度）、选区的方式及常规、自主地参与及互动（幼儿角度）五大方面制定幼儿园户外混龄区域活动的评价指标。

（二）合理设定评价内容

评价内容应紧紧围绕幼儿园户外混龄区域活动实施的总体目标，结合五大方面的评价指标来进行细化，形成具体化、可操作的评价内容，具体的评价内容才是真正能落到实处，指引每个活动行为的方法。对幼儿的评价内容应包含"做了什么"、"怎样做的"、"为什么做"三个方面内容的具体表现，结合《指南》不同年龄段幼儿的具体教育目标和建议，还需要结合本区域的特点和目标灵活地调

整。例如：中班幼儿，我们可以询问了
解孩子"玩了什么"、"和谁一起玩的"、
"玩的感觉怎么样"，从而评价出幼儿游
戏的情况和自主参与及互动的情况。大
班幼儿，我们可以更多关注孩子的想
法，"为什么这样玩"、"有什么新的发
现"等，引导幼儿更加明确自己选择和
参与活动的目的，关注自己各方面的成
长和进步。同时也是帮助教师理解幼儿

图 5-1　通过活动检测孩子动作发展

行动背后的动机，了解幼儿能力发展情况，从而更好地进行活动指导和调整。[1]
对教师的评价也可以遵循对幼儿评价的类似内容，了解教师对区域活动的认识，
设计区域活动内容是关注幼儿哪些方面的发展、目的何在、提供的材料是否必
要和合理、是否有利于拓展幼儿的学习、在活动过程中教师参与和指导是否恰
当。例如：户外玩沙区游戏，要能看出这个区本次活动重点发展了幼儿哪方面的
能力，是利用玩沙工具进行挖掘、搬运，锻炼上肢力量与肢体协调性，还是利用
沙地进行美术创作，发展幼儿创造与想象。老师提供的材料、工具是否可以帮助
幼儿拓展思维，丰富游戏内容。老师是在教授幼儿玩沙技能还是由幼儿进行自主
探索沙的特性进行游戏。对幼儿园的评价，要站在整体布局和科学利用的角度进
行内容评价。幼儿园里许多活动完全可以搬出到户外进行，如美术活动"大树写
生"，就可以让孩子到户外用眼睛真实地进行观察和作画。如打理种植园的活动，
孩子们为蔬菜瓜果进行浇水、施肥、除虫的过程，也是很好的户外活动。是否有
这类活动的安排与选择，就可以看到幼儿园对户外区域活动的理解是否到位，是
否打开了思路，是否将一日生活皆课程的理念渗透到户外区域活动之中。可能有
些设想还需要一个统筹安排，不一定能在户外混龄区域活动中马上实现，但有了
这个思路的引领，相信户外混龄区域活动的内容会不断得到丰富。

三、科学把握评价原则

（一）针对以幼儿为主体的评价应把握的原则

1. 主体性原则

幼儿是活动的主体，参与了活动的全过程，因此，评价环节也应是人人参

---

[1]　甘雪涛.当前幼儿园区域活动评价存在的问题及其解决策略 [J].教育导刊（下半月），2014（5）:
44-46.

与、全过程参与，这样才能有效调动幼儿更加积极地投入活动。

2. 多元性原则

评价者的多元性，要求师幼之间、幼幼之间都可以共同参与评价，积极互动、交流借鉴，从评价中获取新经验、引发新思考、开发新游戏，不断提升活动质量。

3. 动态性原则

幼儿在活动过程的不同阶段所表现出的活动水平、发展情况是处于一个动态变化的过程，因此，针对幼儿主体的评价也应遵循动态性原则。要看到幼儿的发展、进步，及时给予鼓励、肯定，激发幼儿更加积极地投入活动，勇于面对挑战，体验快乐和成功。

4. 综合性原则

要树立身心并重的健康观念，评价应综合考量幼儿在活动过程中各方面的表现。评价时，要避免重身体健康的发展，轻心理健康的维护；重基本动作的练习，轻身体素质的培养；重花样形式的翻新，轻活动目标的落实；重教师预先的设计，轻幼儿主动的参与。

5. 层次性原则

评价要重过程、重实践、重素质提高、重能力培养。以开放、包容的心态面对不同层次和能力水平的幼儿，鼓励幼儿发挥自身的优势去带动、影响他人，同时在评价中也要善于发现别人身上的闪光点。针对混龄形式的户外活动，对高龄和低龄的幼儿提出不同的活动目标。例如：高龄段幼儿侧重于关爱心、责任感、创造性。对于低龄的幼儿则侧重于独立性、坚持性、参与性等方面的评价。[1]

对于幼儿来说，有机会在活动前、活动中和活动结束时表达自己对活动的设想、感受或是获得了什么新的进步和对活动的情感体验等，如"好玩或不好玩"、"喜欢或不喜欢"、"和谁一起玩最开心"、"我想怎样玩"、"今天玩出了什么新花样"、"我为什么要这样玩"……让幼儿参与评价，既可以在师幼、同伴的互动中形成新的经验，又可以培养良好的学习品质，如：倾听习惯、观察习

图5-2 统一测试标准

[1] 顾裕萍.大区域活动中幼儿行为评价的实践研究[J].上海教育研究，2005（1）：90-91.

惯等，能帮助幼儿边思考边参与活动，进行创造性地游戏，既丰富了自己的活动经验，又能不断地推陈出新，保持持久的活动兴趣。

（二）针对以教师为主体的评价应把握的原则

1. 主体性原则

在户外混龄区域活动中，教师同样是评价的主体，在活动过程中，提出目标、要求，进行观察指导，鼓励参与创造，在活动的全过程中始终扮演着重要的角色。因此在评价中也发挥着重要的引导、指向性作用。

2. 目标性原则

教师应明晰负责区域内活动的各项目标，站在促进幼儿身心和谐发展，全面实施素质教育的高度去把握活动目标和评价尺度。针对不同年龄段幼儿提出不同的活动目标，有层次性地开展指导和做出合理评价。

3. 过程性原则

教师的评价应贯穿活动的全过程，而非只是在活动结束后。活动前有要求、指引的提出，活动中发现问题特别是涉及安全方面的问题应及时暂停，引导幼儿参与讨论和评价，认识并重视问题所在，使幼儿能及时做出调整，改进活动，避免不必要的问题发生。活动后的总结性评价也是必要的，集中幼儿一起分享、交流，有助于幼儿间相互学习、借鉴、积累有益的活动经验，也有助于教师认识活动的价值意义和需要调整改进的方面。

4. 差异性原则

《纲要》指出，幼儿发展评定应"承认和关注幼儿的个体差异，避免用划一的标准来评价不同的幼儿，在幼儿面前慎用横向比较。"[1]每个幼儿都是独立的个体，在发展进程、发展水平、发展方式上都是不尽相同的，因此，教师要重视幼儿间的个体差异，进行个性化的活动评价，从幼儿原有发展水平出发，给予积极的、鼓励性的评价，才更有助于幼儿的可持续发展。

5. 科学性原则

任何评价都要遵从科学的依据。制定活动目标要科学，在目标的指引下，开展过程指导要科学，活动评价手段也要讲究科学因素。因此，拟定科学的评价方法是必要的，可通过制定的观察记录、动作能力发展记录、行为习惯记录、合作性记录等内容，有针对性地就重点内容进行观察，做出科学评价；也可就活动区重点发展的动作、能力、品质等出发，作为单一次活动的评价重点，累积多次活动的不同

---

[1] 教育部基础教育司.幼儿园教育指导纲要（试行）.2001.

重点的行进式评价，可以有量化指标，也可有质性评价，以形成综合评价。

对于教师来说，对幼儿活动适时进行鼓励和点评，能够给活动带来新的持续动力。合理递进的学期活动目标设计，适时、适当地引导幼儿的活动由浅入深、由简单到复杂，不断提升活动的难度，富有挑战性、创新性的户外活动更加能调动幼儿参与的兴趣。考虑不同年龄层次的发展需要，在材料提供、场地利用、活动方式、创新游戏等方面不断突破，通过"大带小"，大年龄幼儿可以协助小年龄幼儿完成活动，在大班哥哥姐姐的鼓励和帮助下，小年龄幼儿会更加有信心，大年龄的幼儿也能体验到帮助他人的快乐，双方都能够从中收获友谊和满足。科学开展观察、指导和评价，有意识地引导幼儿进行自我评价、生生互评、交流点评等，以帮助幼儿发现问题，查找原因和尝试解决问题，让幼儿在户外混龄区域活动中玩出智慧，促进发展。

第二节　基于活动主体的评价

《指南》为教师全面观察和理解幼儿提供了一个整体的框架，这不仅有利于教师更加全面地理解《指南》对幼儿全面和谐发展意义的认识，还使教师了解到，各领域之间相互联系、不可分割的关系。户外混龄区域活动面对的是一个更加开放、更加自由和更加自主的空间，幼儿离开了班级这一小集体，融入多个班级自由组合的大集体，更加能够表现出真实自然的一面。因此，教师和幼儿都是户外混龄区域活动的评价主体，也都应参与到活动的评价过程之中。

一、以幼儿为主体的评价

作为促进幼儿身心和谐发展的活动之一，评价并非单一地只看到幼儿参与活动的本身，而是投射在幼儿发展的各个方面。

（一）期初、期末评价

幼儿的发展过程是一个不断变化的过程，我们既要重视评价，作为检验活动效度的工具之一，也要避免过分重视评价而忽视了幼儿个体的差异。我们可以从评价中得到帮助和指引，也需要避免被评价"绑架"而过度依赖评价的结果。评价是为了更好地了解幼儿现阶段的发展状况，为下一步调整教育措施和明确教育重点提供依据和参考。毕竟，评价是一个人为的过程，是评价者基于观察而获得的，但并不代表评价就可以说明一切问题，而且由于评价者看问题的角度不一，尺度的把握也不完全一致，特别是对幼儿个体的评价，要从幼儿自身角度出发在

原有基础上做出评价。

　　根据评价体系中针对幼儿方面的指标、内容和原则，对以幼儿为主体的评价要贯穿于幼儿发展的全过程。一般可以按照学期为单位，划分为期初评价和期末评价，即针对幼儿身心各方面阶段性的发展性评价，这种评价由本班教师进行。还可以着眼于户外区域活动本身，借助专业力量，从幼儿发展的专业角度进行区域观察评价和体质测查评价，这两种评价既有活动中的过程性评价，也有针对不同年龄段幼儿身体素质方面的阶段性评价。从动态呈现的方式和数据中，对活动有针对性的诊断作用，可帮助教师关注幼儿个体发展需要，及时反思和调整活动中出现的问题。

　　在幼儿每进入一个新学期，我们一般都会就幼儿生长发育、生活习惯、动作发展、社会交往、语言表达、创造表现等方面进行评价，以得到幼儿个体的整体发展的基础情况。学期结束时，同样针对期初评价的各方面内容再进行期末评价，得到一组相对统一的对照评价，可以直观和方便地从幼儿个体多个方面的发展情况进行分析。一般这类评价采用质化评价进行，即使用描述性词汇，如："好"、"较好"、"一般"、"待加强"。也可以将质化评价加以量化表现，即赋予质化描述性词汇以不同的分值，如：由"好"到"待加强"分别为"4、3、2、1"的分值，可以作为量化测算的参考值。对幼儿个体存在的明显低于平均的有待加强的问题，需要进行具体说明，以便更加明确和清晰有待加强的方面，并成为指引和帮助教师和幼儿在下一阶段中重点努力的方向。以下《幼儿身心发展评价表》（表5-1），可从多个角度对幼儿各方面阶段性发展做出评价。

表5-1　幼儿身心发展评价表

班名：＿＿＿＿＿＿＿　　　任教：＿＿＿＿＿＿＿　　＿＿＿＿年度　第＿＿学期

填表说明：评价共分四个档次，根据幼儿学期初和学期末的各方面发展情况，用"好—5、较好—4、一般—3、待加强—1"数字填写在各栏中。对幼儿进行合理评价，要看到幼儿在原有水平上所取得的进步。

项目	姓名 评价	期初	期末	期初	期末	期初	期末	期初	期末	期初	期末	期初	期末	期初	期末	期初	期末	期初	期末
健康与动作	1. 身高体重，正常增长																		
	2. 体质较好，发病较少																		

续　表

项目	姓名\评价	期初	期末	期初	期末	期初	期末	期初	期末	期初	期末	期初	期末	期初	期末	期初	期末	期初	期末
健康与动作	3. 情绪稳定，适应性强																		
	4. 习惯良好，生活自理																		
	5. 户外活动，乐于参与																		
	6. 动作灵活，协调发展																		
	7. 安全意识，自我保护																		
交往与表达	8. 交往互动，友好相处																		
	9. 自信自主，大胆表现																		
	10. 行为规范，自我管理																		
	11. 认真倾听，清晰表达																		
科学与艺术	12. 亲近自然，喜欢探究																		
	13. 运用感官，关注事物																		
	14. 感知数学，初步理解																		
	15. 感受欣赏，喜爱艺术																		
	16. 喜欢表现，大胆创作																		

（二）活动中的观察评价

根据户外混龄区域活动的目标对幼儿在区域活动中的表现做出价值判断。主要从五大领域入手就幼儿的基本动作、活动兴趣、安全意识与能力、情绪、交往、合作、整理、规则意识、语言理解、语言表达、艺术能力、艺术素质、观察能力、概括能力等对幼儿在户外混龄区域活动中的表现进行量化并制定了《幼儿户外混龄区域活动幼儿发展评价表》，见表5-2。

表5-2　户外混龄区域活动幼儿发展评价表

一级指标	二级指标	三级指标	评 价 标 准			
			A级（4分）	B级（3分）	C级（2分）	D级（1分）
混龄区域活动	健康领域表现	基本动作	能熟练掌握并灵活运用各种基本动作，动作协调、灵活	能较熟练地掌握基本动作，动作比较协调、灵活	基本能掌握走、跑、跳等基本动作，协调性、灵活性一般	基本动作姿势不够正确，协调性、灵活性较差
		参加活动兴趣	能积极主动地参与户外混龄区域活动，兴趣与目标明确，以感兴趣的活动为选择标准	能够参加户外混龄区域活动，积极性、主动性较好，以同伴参与为选择标准	对户外混龄区域活动兴趣一般，兴趣选择不明显	被动参加户外混龄区域活动
		安全意识与能力	安全意识强，有自我保护的能力，能主动控制好活动中的状态，保障自身和他人的安全	有一定的安全意识，在指导下建立自我保护的能力，能保障自身安全	安全意识一般，在老师提示下学习自我保护，能力有待提高	安全意识薄弱，活动中容易兴奋或心不在焉，自我保护能力弱
	社会领域表现	情绪	能积极主动地参加户外混龄区域活动。在活动中保持愉快的情绪，感受活动的快乐	乐意参加户外混龄区域活动，在活动中情绪比较愉快	愿意参加户外混龄区域活动，在活动中情绪稳定，不哭闹	不愿意参加户外混龄区域活动，有抵触情绪或选择困难

续 表

一级指标	二级指标	三级指标	评 价 标 准			
			A级（4分）	B级（3分）	C级（2分）	D级（1分）
混龄区域活动	社会领域表现	交往	能主动与不同年龄的同伴参与活动。在活动中尊重他人的需要、意见、感受，并做出合适的反应	能主动结伴参与活动。能在老师的提醒下与不同年龄的孩子交往	愿意与较为熟悉的同伴一起结伴活动。与熟悉的同伴能主动交往	与他人交往不主动，能对老师的指示做出反应
		合作	会与他人沟通、商量。能大胆清楚地表达自己的主张，友好、愉快地进行合作	学习结伴、商量，分享整体合作中的成果。有初步的合作意识	学习分享、轮流、等待。能够和他人一起活动	不愿意和他人一起合作，喜欢单独参与活动
		整理	能主动整理玩具材料，并将其分类放好。能带动同伴一起参与整理	能将自己玩过的玩具材料整理好，放到指定的位置	能在老师及同伴的帮助下将玩具放到指定位置	在活动结束后，不愿意参加整理
		规则意识	能自觉遵守活动规则。能在老师的帮助下，自己制定活动规则并提醒他人遵守活动规则	能遵守活动规则，学习提醒他人遵守活动规则	能在老师及同伴的提醒下学习遵守活动规则	在活动中不能遵守活动规则
	语言领域表现	语言理解	注意倾听他人说话，理解他人的话，能正确领会语言交流的内容	注意倾听他人说话，理解他人的话，初步领会语言交流的内容	能听懂他人说话，但理解和执行上有偏差	不能认真倾听，理解或执行不好
		语言表达	会主动与同区的同伴交流互动，用适度的声音表达自己的意思及看法，勇于与同伴争辩	喜欢与他人交流，用语言表达自己理解的意思，积极地与人交谈，用较完整的语句表达自己的想法	能用比较简短的语言与同伴交流，在帮助下能把自己的想法表达出来	交流习惯不好或胆怯，不能连贯地讲述自己的感受或不愿表达

续 表

一级指标	二级指标	三级指标	评 价 标 准			
			A级（4分）	B级（3分）	C级（2分）	D级（1分）
混龄区域活动	艺术领域表现	艺术能力	能利用自然材料或各种提供的工具进行艺术表现和创作，学习表现物体的基本特征并能进行介绍，学会欣赏和评价	能自主地选择所提供的工具进行操作，表现物体的基本轮廓，学习评价	在教师的指导下，用提供的材料进行操作，感受其中的快乐	不能或不愿运用材料进行操作
		艺术素质	能主动发现和欣赏、表现生活中的美	能在老师引导下乐意进行艺术欣赏和表现活动	在帮助下参与活动中的艺术欣赏和表现	不愿参与活动中艺术的欣赏与表现
	科学领域表现	观察能力	能根据要求进行有序地、对比地观察，能发现物体和动作及规则的异同，注意观察事物与现象间的联系	能按照简单要求有序地、对比地进行表面观察，能发现主要异同	能在老师指导下，按照一定的方法进行观察和发现	不能有目的、有方法的观察
		概括能力	能从多角度分类并形成分类概念，会根据常见事物的关系进行初步的判断推理	能从两个角度分类并形成分类概念，会初步的判断推理	能从一个角度进行分类，在引导下学习初步的判断能力	不能有目的、有方法地分类

关于活动区的观察评价，还可以借助专业力量，例如：由园内保健医生参与户外活动的观察评价工作，利用《幼儿户外活动运动量、运动密度观察评价表》（见表5-3），站在专业的角度对户外各区域的混龄体育类活动，从运动量、运动密度等方面进行科学的观察、记录和数据测试分析，以利用专业的医学角度对活动给予科学的指导建议。

图5-3 医生对幼儿运动量进行测查

运动量（有时也称运动负荷），是指幼儿做练习时承受的生理负担量。运动密度也称为练习密度，是指在活动中幼儿做练习的时间分配占获得的总时间的比例，由于它能体现户外体育活动的特点，测定方法较简易，因此测定运动密度被普遍地用以衡量幼儿活动情况。合理安排运动量、运动密度等，对增强幼儿体质，掌握运动技能，培养优良品德和避免损害健康和预防意外伤害事故发展都有重要意义。

表5-3　幼儿户外活动运动量、运动密度观察评价表

班级：		幼儿姓名：		性别：	日期：		天气：		测查人：

体育课、体育锻炼内容：

活动量观察					练习密度观察				
脸色	表情	出汗	呼吸特征	动作协调性	实际练习时间	活动总时间			练习密度
						准备部分	基本部分	结束部分	合计

脉搏

安静时	准备活动	基本部分	整理活动	活动后十分钟

最高心率　　　　次／分；
平均心率　　　　次／分

脉搏指数：

评价及建议：

180
170
160
150
140
130
120
110
100
90
80
70

安静时　准备　基本　整理　活动后
　　　　活动　部分　活动　十分钟

（三）学年度评价

幼儿体质测查是指依照国家体育总局编制的《2005年国民体质监测工作手册》制定的评价标准，使用规定的仪器与方法进行操作，对各年龄段幼儿进行的身体形态、身体机能和身体素质三方面指标的科学测查与评价机制。测查采用问卷调查法、科学测试法和数据分析法，测定结果通过幼儿体质信息管理平台进行评定，

数据处理采集通过 Excel 统计软件进行统计，分析方法采用数理分析法、类比、归纳研究法等，得出科学的测查结果，并形成科学的测定报告。一年一次的幼儿体质测查，也有助于我们更加科学细致地了解幼儿个体在经过幼儿园生活和户外活动锻炼所表现出的各方面肌体发展情况。针对幼儿为主体的统计数据对比，也可以得出幼儿园户外活动开展所取得的成效和需要注意的方面。

图 5-4　专业人员对幼儿进行国民体质测查

　　测查的具体内容包括身体形态指标：身高、体重、坐高、胸围、皮褶厚度。身体机能指标：安静心率。身体素质指标：网球掷远、坐位体前屈、10 米折返跑、立定跳远、走平衡木、双脚连续跳。家长还需填写相关问卷，了解幼儿父母年龄、职业特点、身体素质、家庭运动习惯、喂养方式、睡眠时间、户外活动时间等情况。

表 5-4　幼儿体质测查记录表

班级：_____　姓名：_____　性别：_____　出生___年___月___日

检 测 指 标	
01. 身高（cm）	□□□.□
02. 坐高（cm）	□□.□
03. 体重（kg）	□□.□
04. 胸围（cm）	□□.□
05. 上臂部皮褶厚度（mm）	□□.□
06. 肩胛部皮褶厚度（mm）	□□.□
07. 腹部皮褶厚度（mm）	□□.□
08. 安静心率（次／分）	□□□
09. 立定跳远（cm）	□□□
10. 网球掷远（m）	□□□
11. 坐位体前屈（cm）	□□.□

续　表

检测指标		
12. 10 米折返跑（秒）	□□.□	
13. 走平衡木　完成方式（1）前走　（2）横走　（3）未完成 完成时间（秒）（未完成，请填 000.0）	□ □□□.□	
14. 双脚连续跳（秒）（如受试者完成不了请填 99.9）	□□.□	

检验员 _____

二、以教师为主体的评价

以教师为主体的评价，强调记录的真实性、材料的完整性、分析评价的客观性。就记录而言，这个思考的过程具有多方面的意义：其一，可以增进和加深教师对于幼儿当前各方面发展情况的了解，把握他们的兴趣、交往和能力发展情况、所面临的问题；其二，可以发现活动生成的来源，或者渗透某些教育教学内容；其三，按照一定的规范和要求进行的记录，本身内含着教师对于其教育行为的反思过程和对于师生互动过程中所发生的一切的理解过程。对于教研活动、教师之间的合作交流以及家园信息之间的沟通等等，都起到媒介作用。

在户外混龄区域活动中，对以教师为主体的评价一般是以教师的自我评价为主，提倡教师对幼儿个体进行有针对性的个案观察分析与评价，也可以就活动的计划、目标的设定、材料的准备、活动的组织、指导的实效、目标的达成等情况进行记录、分析和反思。从自身中发现优势与不足，善于查找问题出现的原因，有针对性地提出改善和调整的措施和意见。还可以通过幼儿园管理者或其他教师，站在第三方的角度，对活动的观摩进行分析评价。可以采取的评价方法有：记录反思评价、个案分析评价、观摩活动评价。

（一）记录反思评价

教师亲身参与、组织指导户外混龄区域活动的全过程，在过程中观察幼儿整体的活动情况，记录活动中出现的各种情况、幼儿的交流表达、师幼与生生互动情况等，在活动后填写《幼儿园户外混龄区域活动记录反思评价表》（见表5-5），将活动中真实观察到的情况进行记录，并就活动计划是否科学合理、材料用品是否充分合理、目标是否明确并落实到位、教师自身对活动的组织与指导是否到位、幼儿是否能够积极参与活动并展开互动交流、在对幼儿的评价环节是否对活动起到推动作用等，进行自我反思与评价。通过对记录的反思，能够更加有效地帮助教师及时对活动中出现的问题进行调整和改变，为下一次活动更好地开展提供可借鉴的经验与方法。自我反思是最好的自我调整策略，只有通过实践，才能更好地帮助教师形成问题意识，促进自觉改进的动机，也是帮助教师走专业化发展道路的有效手段。

表5-5　幼儿园户外混龄区域活动观察记录反思评价表

区域名称		日　　期		记录人	
活动准备情况					
目标达成情况					
活动观察记录					
活动小结					
活动反思调整					

（二）个案分析评价

个案分析评价一般是针对一名或几名幼儿，教师在活动中通过观察幼儿个体表现而进行的分析评价。个案观察是幼儿教师走进幼儿心灵的主要手段，写好幼儿园《户外混龄区域活动个案观察分析记录表》（见表5-6），是幼儿教师分析幼儿行为背后原因的一条通道，同时也是幼儿教师更好地了解孩子的重要途径。只有了解幼儿，才能更好地根据幼儿实际情况制定活动计划，增加活动内容、材料及指导的层次性，促进幼儿在原有水平上得到发展，满足幼儿身心和谐发展的需要。

表5-6　幼儿园户外混龄区域活动个案分析记录表

区域名称		日　期		记录人	
观察对象			观察重点		
背景介绍					
观察记录					
指导措施					
分析反思					

（三）观摩活动评价

　　观摩活动评价（见表5-7）是为了通过教育管理者或参与观摩的教师，站在非参与的第三者角度进行观察、审视和评价活动的过程，客观地对教师在活动准备、活动设计、目标指向、教师指导、幼儿发展、实施效果等方面进行的综合评价，有助于从教科研的角度去指导教师的教育行为，提升活动的质量。建议观摩评价要渗透在日常的户外混龄区域活动之中，而不只是在有组织的观摩评比之中才加以应用，那样就会因刻意的准备和安排而失去可信度。

表5-7　幼儿园户外混龄区域活动观摩评价记录表

区域名称：＿＿＿＿＿＿　指导教师：＿＿＿＿＿＿　评价人：＿＿＿＿＿＿　日期：＿＿＿＿＿＿

评价项目	指　标　要　素	评价等级			
		优	良	中	差
设计准备	1. 活动计划性强，体现正确的教师观和儿童观。 2. 活动设计具有趣味性，因地制宜，适合户外混龄区域活动要求。 3. 提供丰富、可操作和安全的材料，利于区域活动的需要				

续　表

评价项目	指　标　要　素	评价等级			
		优	良	中	差
教师表现	1. 指导突出重点，指导语简单、清晰、明了、到位。 2. 能注意控制好活动的密度、强度，动静结合，运动量适宜。 3. 注重培养幼儿良好的活动习惯，组织有序。 4. 把握活动目标和重难点，积极促进基本动作发展。 5. 尊重幼儿的同时体现教师的指导作用，能驾驭控制整个活动，并有灵活应变处理意外问题的能力				
幼儿表现	1. 幼儿积极参与活动，表现出浓厚的兴趣。 2. 有良好的活动常规培养，有合作、收拾的习惯。 3. 活动动作协调、灵活，基本动作发展良好。 4. 掌握一定的活动方法和技能，有较好的安全意识和能力。 5. 参与活动表现自信、大胆、勇敢				
实施效果	1. 以游戏化为活动形式开展，注重活动过程。 2. 创造机会让师幼、幼幼互动，积极交往合作。 3. 组织有序，层次清晰，重点突出，时间安排合理。 4. 采用的教育策略达到了预期的教育目标。 5. 灵活渗透和整合多领域教育内容				
综合评价					
意见与建议					

（四）管理工作评价

对户外混龄区域活动的整体质量情况的把握，需要幼儿园教育管理者从全园活动情况出发，通过全面观察、比较，从各个区域的负责教师的活动设计、材料投放、活动组织、指导的层次和反思调整等方面进行综合评价（见表5-8），从管理的角度检阅活动的质量，从宏观的层面发现存在的共性问题，为进一步从管理角度、教师专业化提升角度加以改进和提高提供依据。

表5-8　全园户外混龄区域活动评价表

评价人		评价日期		年 月 日
区域名称		负责人		
评 价 内 容				**评 价**
区域活动设计（20分）	1. 游戏设计符合幼儿不同的年龄特点和大肌肉动作发展需要； 2. 游戏能体现本区的目标和特点； 3. 活动设计游戏化、趣味性，能够吸引幼儿积极参与； 4. 活动设计能推陈出新，适合大带小的合作性游戏，有利于促进幼儿混龄交往，并适时调整变化			
区域材料投放（20分）	1. 根据活动设计投放不同层次的材料，满足不同年龄班幼儿活动和发展的需要； 2. 注意材料使用的安全性和必要性； 3. 能注意综合运用材料，充分发挥材料的多种功能； 4. 能根据本区需要投放简易适用的自制材料			
区域活动组织（30分）	1. 组织混龄活动目标明确，循序渐进、由易到难地组织幼儿参与游戏、合作、交往和锻炼； 2. 注意幼儿活动常规习惯的建立与培养； 3. 重视活动的安全性和幼儿自我保护意识与能力的培养； 4. 教师能积极参与活动，带动和鼓励幼儿不怕累、勇于挑战，养成良好运动品质； 5. 能与区域内教师相互协作、配合，关注全体幼儿； 6. 活动组织有始有终，注意有序组织幼儿进行场地、材料的收拾整理			
指导的层次性（20分）	1. 能关注幼儿的年龄与能力差异，在运动能力指导方面有所不同，并鼓励幼儿努力提高自己的能力； 2. 关注不同班级幼儿混龄游戏时的友好交往习惯培养，让幼儿感受谦让、互助和借鉴学习的乐趣； 3. 不过多介入和干涉幼儿间的正常交往，创设幼儿自行解决矛盾、问题的机会，发展社会性能力			
反思与调整（10分）	1. 教师注意活动的观察，善于发现活动组织和幼儿活动方面的问题和需要，进行科学的分析和反思； 2. 依据发现与反思，能及时进行有效的调整，帮助自身专业化成长			
意见与建议				总评：

第三节　基于活动内容的评价

户外混龄区域活动，是转变原本对区域活动以活动室划分多个领域开展游戏的方式，而是将更加广阔的户外空间加以利用，有目的地在园内户外设置多种功能的游戏区，提供丰富的游戏材料或环境条件而开展的活动。对户外混龄区域活动来说，从活动内容的评价方面，可包括静态活动内容的评价、动态活动内容的评价和活动常规的评价。

一、静态活动评价

静态活动内容包括：区域环境的规划、活动区的创设、材料的投放、领域资源的整合，这些是动态活动的基础保障。

（一）区域环境的规划

一间好的幼儿园一定是重视环境整体规划的，明晰户外环境对幼儿身心和谐发展的重要价值和作用，因地制宜地对环境进行合理规划，能够从心理上为幼儿创造温馨和谐的成长基础。快乐的学习就是走向"对话"的学习，让幼儿走向与自然的对话、与他人的对话和与自己的对话。环境是无声的，但却是幼儿的第三任老师，让环境与幼儿对话，

图 5-5　在园内举办的幼儿园环境研讨

就需要共同营造良好的环境氛围，让环境发挥最大的教育功能。

经过整体规划的思考，结合"自然·爱·悦·梦想"的办园理念，我园将户外场地划分为五大园区：运动园、自然园、玩悦园、故事园、创意园，每个园区都有其功能和价值。运动园，包括幼儿园大操场、跑道、足球场、篮球场等较为开阔平坦的场地，利于幼儿充分参与体育锻炼和进行户外体育类游戏。自然园，包括植物迷宫、种植园地、鱼池、沙池、戏水池，让孩子们可以充分地与大自然亲近，在植物迷宫内捉迷藏，在戏水池中打水仗，一起打理植物，体验与自然互动游戏的快乐。玩悦园，集中各类大型户外游乐设施，如户外大型组合玩具、攀爬架、秋千、跷跷板等，有不少是自制的木质玩具，更加贴近自然。故事园，在幼儿园的一片安静角落，四周有经典童话的户外壁画、有树荫、有小

亭、有风车小屋、有安逸的吊床，幼儿可以在鸟语花香中聆听和欣赏故事。创意园，有长长一面的梦想墙，是孩子们制作的陶制砖画，收藏着孩子们美丽的梦想，也为幼儿自由畅想提供了启迪。优美的自然环境，多姿多彩的植物园地，都为幼儿提供了自由想象和创造的空间。善用每一角落，让每一角落都服务幼儿，发挥了环境的隐性教育功能，让幼儿园随处可见教育的用心和感受教育的真谛。

区域环境规划的评价就在于是否科学合理，是否标识清晰，是否功能明确，是否能体现幼儿园的办园理念和特色。

（二）活动区的创设

有了幼儿园整体区域环境的规划作为基础，要开展户外混龄区域活动还需要在环境的基础上加以创设，根据大块区域的功能再进一步细化，划分为不同的区域活动场地。如运动园的面积最大，适合开展跑、跳、投等大肌肉的锻炼项目，因此创设为：走跑区、纵跳区、绳区、投掷区、足球区、篮球区、传统游戏区等。玩悦园，大型玩具等运动器材丰富，利于幼儿身体协调能力的发展，创设为：钻爬区、平衡区、综合活动区。自然园和故事园，植物较多，地面不平，更适合进行观察发现、操作体验类等轻松自由的活动，创设为：迷宫区、探索区、玩沙区、戏水区。创意园的场地比较分散，利用通道和边角场地，融入角色游戏元素，创设为：车区、休闲游戏区等。

活动区的创设遵循因地制宜、安全有效的原则，将全园每一处位置都充分利用起来，赋予了区域游戏活动的功能和教育内涵，幼儿园就像孩子们的家一样，处处充满生机和快乐，将"自然课程"、"愉快课程"和"创意课程"充分地融入户外混龄区域活动之中，共同建构起我园的愉快园本特色课程。

活动区创设的评价就在于是否充分利用了户外空间、是否因地制宜、是否是利于幼儿安全的活动。

（三）材料的投放

有理念引领，有课程架构，有环境创设，还需要为幼儿提供更多的支持，那就是活动材料的科学合理投放。户外混龄区域活动，强调的是幼儿自主的活动，孩子可自选区域、自选材料、自愿结伴、自主活动，实现"以玩交友"。要想让幼儿充分地活动起来，就需要有足够多科学投放的材料。按照现在区域活动的设置，大肌肉运动种类较多，依照不同的活动区域特点，可投放与之活动目标相应的材料。如：走跑区，可以投放接力棒、跨栏、雪糕筒等。纵跳区，要准备触物架，悬挂适合幼儿不同身高和弹跳能力的悬吊物。平衡区，要有高矮、宽窄等不同难度的平衡木、梅花桩、竹梯等。户外区域活动材料，除了投放购买的玩具材料之外，还积极提倡投放各类自制游戏材料。可以与手工活动或科学活动整合，师幼、亲子合作制作报纸球、塑料包装绳、毽子、纸棍、风车、纸箱、滚筒等简单易行的游戏活动用具，既节约了开支，又丰富了活动材料，还体现了绿色环保、一物多用的理念。

材料的投放评价就在于材料是否充足且适用、是否便于幼儿自由取用、是否服务于活动目标。

图5-6　爬软梯，练胆量

（四）资源的整合

户外混龄区域活动，并不是单一的、孤立的活动形式，而是与幼儿园课程和幼儿在各领域学习与发展目标紧密结合在一起的综合性实践活动。是幼儿"构筑世界"、"构筑伙伴"、"构筑自身"三位一体的对话性实践。为了突出幼儿期年龄阶段游戏化的学习特点，彻底解决"小学化"的问题，充分利用广阔的户外环境这个"大课堂"，拓展思路，让幼儿在大自然中学

图5-7　快乐的亲子体育运动会

习、在生活中学习、在互动对话中学习，既有助于幼儿学习品质的培养，也更加能够体现幼儿个性化发展的需要。

整合环境资源、整合领域资源、整合家园资源，让户外区域活动成为多方面资源整合的载体与桥梁，嫁接各方面的知识经验，形成一个整体，领域之间、目标之间相互渗透，关注幼儿学习与发展的整体性。

资源的整合评价就在于是否体现各领域目标的整合、是否利于幼儿个性化发展的需要。

二、动态活动内容评价

动态活动内容包括：全园现设置的19个活动区域所设计的游戏形式及开展游戏活动过程中师幼双方所表现出的情况。每项活动既与静态环境材料发生着关系，也呈现出师幼、幼幼之间的动态变化过程，下面就每个区域活动的动态游戏

评价内容进行一一说明。

1号区：绳区

绳是幼儿非常熟悉且生活中常见的用品，无论粗细、长短或材质的不同，在活动中都可以发挥不同的作用。幼儿在利用各种各样的绳进行活动和游戏时，能通过观察、触摸及各种大肌肉动作的游戏，培养对绳类游戏的兴趣，感受绳的多种变化。在我们的游戏设计中，"蹦蹦跳"、"躲小蛇"都采取了以跳跃的方式进行单人或双人合作游戏，目的在于锻炼幼儿下肢动作的灵活性和身体动作的协调性。"跳房子"则融入科学领域的经验，帮助幼儿建立空间感，选择不同的跳跃方式。"我是大摇手"则为幼儿学习跳绳做好准备，逐步寻找上下肢协调的节奏感。

⚓ **关注评价点**

幼儿方面：是否在提示下，知道寻找适合的空间活动避免发生意外；是否充分利用了材料；是否与同伴进行合作和协商；遇到困难时是否会主动发出求助或观察模仿他人学习；是否在游戏中逐步感受和提高上下肢的协调性和灵活性。教师方面：是否根据游戏提供了足够且符合需要的绳材料；是否预先进行了安全提示和过程中特别关注安全要求；是否关注并在必要时给予幼儿帮助和指导；指导语是否清晰和目标指向性强；是否积极鼓励幼儿充分感受绳的特性和玩法。

2号区：钻爬区

钻与爬是人类最原始的动作，随着人类进化，走、跑机能也迅速发展，钻、爬的动作能力反而被弱化了。为了提高幼儿上下肢的协调性、灵活性，特别重视提高上肢的力量，因此设计了钻爬类游戏活动。以立方体大型玩具和地面放置的海绵垫、竹梯、钻洞等器材为载体，设计手脚并用的各类钻、爬动作，并注意变化游戏情境，设计不同难度挑战幼儿的胆量。"蚂蚁过山坡"重点在于手膝着地爬，"毛毛虫钻洞"重点在于匍匐爬，"八爪鱼寻宝"重点在于手脚爬、钻爬，"螃蟹乐"重点在于横向爬，再配合攀登、钻等动作和游戏情节的设计，使游戏充满趣味性和挑战性。

🎣 关注评价点

幼儿方面：是否能够听清楚指令并做出不同的爬行动作；是否有一定的毅力和坚持不懈的精神；是否与同伴保持安全距离，在钻、爬的过程中避免碰撞；是否乐意接受挑战，敢于尝试不同难度。教师方面：是否做好场地器材的安全保障和检查；是否对幼儿提出不同层次的要求；是否注意循序渐进地提升游戏的难度；是否注意活动后大腿和上肢的放松。

3号区：传统游戏区

传统游戏融入了民间体育和娱乐性、艺术性活动，充分融合了中国民间娱乐和节庆活动的元素，使幼儿在这些传统游戏中体验乐趣，增长智慧，感受合作，分享快乐。"滚铁环"需要在跑动中掌握铁环的平衡感。"踢毽子"需要双眼与肢体动作的协调、锻炼下肢动作灵活性。"陀螺转转转"锻炼上肢力量和手眼协调的能力。"盲人摸象"是在群体游戏中体验快乐和锻炼智慧。"龙欢腾"是在集体合作性游戏中，锻炼上肢力量和协作能力。

🎣 关注评价点

幼儿方面，是否乐于参与活动并喜欢尝试；是否能在反复的游戏中逐步掌握使用材料的方法和提高能力；是否专注于游戏活动，乐于合作交流；是否在游戏中增长才智，体验快乐。教师方面：是否在材料方面精心准备，为不同层次幼儿的发展提供可能；是否积极参与和幼儿一起游戏，带动活动的气氛；是否创造"大带小"的混龄合作游戏机会；是否给予幼儿必要的帮助和指导；是否鼓励幼儿集体合作游戏，增强游戏乐趣。

4号区：跳跃区

跳跃，对于幼儿来说并不难，关键在于怎样通过跳跃游戏来提高幼儿跳跃动作的技巧和能力。我们设置跳跃区的目的在于通过各种各样的跳跃动作，不断提升幼儿下肢力量及爆发力，并与其他身体动作相配合，提高协调性。"青蛙跳荷叶"在于练习向远跳出一定的距离并掌握好目标间距。"袋鼠跳"是提高连续跳跃的能力，下肢动作连贯而富有弹性。"勇敢的小兵"锻炼幼儿胆量，练习从高处跳下。"斗鸡"是在单脚连续跳的同时还要掌握身体平衡进行对抗游戏。"跳竹竿"与艺术领域整合，在掌握基本节奏感的情况下玩跳跃游戏。

⚓ 关注评价点

幼儿方面：是否掌握跳跃缓冲屈膝的基本自我保护技能；是否会运用脚尖落地的方式，轻松起跳和落地；是否乐于尝试和勇于接受挑战；是否有较好的身体动作的协调能力。教师方面：是否带动幼儿做好充分的准备运动；是否强调跳跃的起跳和落地的正确方法；是否注意游戏的安全性，做好必要的保护措施；是否循序渐进地增加游戏难度和要求；是否体现不同层次的游戏策略。

5号区：平衡1区

人体对物体的平衡感掌握，建立在观察和感知的基础上，设计平衡区游戏，是以游戏情境方式，引发幼儿对看似简单而枯燥的平衡活动的兴趣，在多次反复中寻找窍门，提高控制物体平衡的能力，沿既定的方向前进。"弯弯的小路"锻炼身体的稳定平衡。"小猴走钢丝"和"踏石过河"提高上下肢的协调和动态平衡能力。"金鸡独立"锻炼定力，保持平衡单脚站立能力。"勇救小伙伴"平稳快速通过各种难度的平衡木，培养勇敢、不怕困难和乐于助人的精神。

⚓ 关注评价点

幼儿方面：是否积极参与活动，自觉遵守游戏规则；是否能关注脚底的感受，尽力保持平衡，不随便放弃动作要求；是否乐意接受挑战，尝试有难度的平衡游戏。教师方面：是否关注幼儿穿着合适的鞋子，避免因鞋底打滑而发生意外；是否鼓励幼儿勇于接受挑战；是否明确地提出要求并督促幼儿自觉遵守规则；是否提供不同层次难度的平衡木或提示幼儿用安全姿势选择通过。

6号区：手推游戏区

现在的孩子，由于家庭和社会的原因，往往上肢锻炼比较缺乏，要么软弱无力，要么不够协调。我们在注重幼儿手部精细动作的同时，大肌肉动作也需要加强锻炼和提高。手推游戏区，以双轮推车、独轮车和大球为游戏主要材料，配合其他辅助材料创设游戏情境，

图5-8　亲子手推车比赛

让幼儿在单人或双人合作游戏中，锻炼上肢动作的协调性及整个身体的灵活配合。"小小快递员"和"超市大采购"都使用双轮的手推车，"车轮滚滚"和"勇闯难关"都使用独轮车，但单人控制和双人协调控制有着非常大的区别，这里面蕴含着科学知识，需要孩子去体会。而"滚雪球"则是双手交替推动。不同的推物方式，也渗透着对物体施加外在力量的原理及方向、角度的把握等科学知识。

⚓ 关注评价点

幼儿方面：是否能够较好地运用上肢力量进行推物游戏；是否善用巧劲控制推动的方向和力度；是否能与不同年龄的同伴协调配合共同完成任务。教师方面：是否提供了充足的材料提高活动的密度，避免长时间等待；是否鼓励幼儿通过自我感知来把握推动手推车、独轮车、大球的不同技巧；是否创设了混龄同伴积极合作和互动的机会。

7号区：走跑区

走和跑往往出自幼儿活动的本能，也是最基本的动作，是其他身体动作的基础。虽然没有很大难度，但也需要在幼儿期不断提升和发展这一基本身体动作，使之更加协调、灵活、敏捷、迅速，来帮助和促进幼儿其他基本动作的协调发展。"穿大鞋"的游戏，是为了提高走路的稳定性，提高幼儿间协作走的统一感。"点鞭炮"和"老狼老狼几点钟"锻炼的是快速跑的能力，以游戏情境提高幼儿的快速反应力，从静到动快速转换。"压路机"走跑结合，还需要控制手中的器材按照预想的方向前进。"划龙舟"需要的是团体的协调与配合，明确并遵守游戏的规则才能玩得开心。

⚓ 关注评价点

幼儿方面：是否认真参与准备运动，保证自身的安全；是否明确游戏的规则并自觉遵守；是否能注意控制情绪和奔跑中注意避让他人；是否能在动静中快速转换走跑动作，灵活敏捷。教师方面：是否组织了针对性的准备运动；是否提出明确的游戏规则；是否有效控制运动量以及运动的强度和密度，避免疲劳；是否在活动后进行了放松运动。

8号区：攀爬区

攀爬区游戏重在锻炼上肢力量和上下肢动作的协调性。幼儿园的攀爬区利用一面攀爬墙开展活动，还借助了其他自制的攀爬材料，锻炼多种爬行动作，使幼儿获得良好的锻炼效果。"挑战自我"需要幼儿勇敢参与，主要借助上肢力量能在攀爬墙手脚眼协调地选择安全的路径进行攀爬。"花果山美猴王"是模仿猴子的多种爬行动作，提高肢体的灵活性。"有趣的溜溜布"是借助光滑布料的特性，采取拉拽方式锻炼上肢力量。

图5-9 攀爬的挑战

> ⚓ **关注评价点**
>
> 　　幼儿方面：是否勇于参与攀爬墙活动，逐步尝试向高处攀爬；是否乐于模仿各种各样的爬行动作，掌握动作要领；是否能感受物体特性，在合作游戏中锻炼肢体力量。教师方面：是否做好安全保护措施；是否进行了必要的安全提示；是否对有难度的爬行动作加强了个别指导；是否鼓励幼儿混龄合作游戏，感受上肢力量的大小变化与滑行速度的关系。

9号区：平衡2区

研究表明，平衡感与眼球的追视能力、专注力、阅读力、音感能力、触觉和语言能力都有关，对他们今后的学习和生活都有着重要的作用。设计以幼儿身体为中心的平衡类游戏活动，旨在锻炼提高平衡能力。"四轮平衡车"是通过双脚交替用力蹬踏配合身体平衡使之前进的游戏，锻炼肢体协调和身体平衡感。"羊角球"游戏，骑在大球上在弹跳运动中把握身体平衡感。"熊猫滚坡"的前滚翻动作练习，有一定难度和挑战，但对旋转中平衡感的建立有帮助。"闭目找伴"锻炼幼儿在蒙眼的状态下，调动其他机体能力寻找平衡感。

> ⚓ **关注评价点**
>
> 　　幼儿方面：是否乐意尝试使用平衡游戏器材；是否积极参与活动，在

游戏中寻找平衡的方法和技巧；是否敢于尝试有挑战的肢体动作；是否在游戏中努力寻找其他代替方式把握身体平衡感。教师方面：是否在活动之前做好必要的安全教育和准备活动；是否明确器材活动的注意事项；是否注意引导幼儿分散活动，避免碰撞；是否在做有难度的动作时做到贴身保护。

10号区：综合游戏区

综合走、跑、跳、平衡、躲闪等基本动作，利用多种生活中常见的材料，利废利旧以娱乐性游戏的方式感受户外活动的乐趣。渗透亲近大自然的赤足活动，感受自然放松的游戏状态。"好玩的纸箱"以纸箱为游戏道具，设计"打地鼠"的游戏，既好玩又锻炼走跑及敏捷的反应力。"老鹰捉小鸡"是孩子们喜爱的传统游戏，常玩不厌，锻炼躲闪跑的能力，也需要集体的合作。"赤足乐"，以亲近自然的方式赤足参与游戏，自选各种不同材质的材料，用足部感受活动的乐趣，刺激锻炼足底神经，增强对环境变化的适应力。

⚓ 关注评价点

幼儿方面：是否了解各种材料的特性，并尝试运用材料进行活动；是否明确游戏规则和注意事项，控制奔跑速度，学会自我保护；是否与不同年龄同伴积极互动，体验活动乐趣。教师方面：是否提供了充分且安全的活动材料；是否在赤足活动前检查了场地的安全性；是否引导鼓励幼儿创造性地使用材料进行游戏活动；是否创造了混龄活动的积极互动机会。

11号区：投掷区

肩上投掷动作是人体将腿、躯干、上肢、前臂、手部，自下而上、自后而前、逐次传递的一系列协调动作。投掷能力对身体动作的协同配合、上肢力量和爆发力要求较高。幼儿期的投掷活动可有不同的投掷方法，可先从抛投开始再逐步过渡到肩上投掷。"喂鸭子"以抛投方式练习向目标点投掷。"打苍蝇"和"鲤跃龙门"都是向一定高度进行的肩上投掷练习，是把握角度投远的基础。"打靶"和"熊出没"则进一步提高幼儿投远与投准能力。

> ⚓ **关注评价点**
>
> 　　幼儿方面：是否理解了正确的投掷动作要领；是否认真参与肩部、手臂的准备运动；是否掌握投掷物出手的角度；是否乐意参与练习并不断提高自己的能力。教师方面：是否组织了有效的准备运动；是否清晰地讲解和示范投掷动作及要领；是否给予幼儿积极的鼓励和加强个别的指导；是否循序渐进地推进活动，逐步提高幼儿投掷能力。

12号区：探索区

　　利用幼儿园得天独厚的环境，让幼儿与大自然亲密交流，在户外活动的同时，体验自然物中蕴含的特性。"勇敢的小兵"在林间利用竹梯、轮胎等物体组合游戏，体验勇于探索的乐趣。"水娃娃"、"打捞工人"和"泼水推球"，则是利用戏水池开展有益的探索活动，体验在水中游戏的乐趣，同时感受水流动、水的浮力及水也有力量等特性。

图5-10　自然、自由、自在的快乐

> ⚓ **关注评价点**
>
> 　　幼儿方面：是否穿着适合的服装；是否确定身体适应戏水活动；是否自觉遵守活动规则，不在活动中过分嬉戏打闹；是否喜欢在活动中探索发现水的特性。教师方面：是否做好了场地及幼儿服装的安全检查；是否提供了适合幼儿探索的活动材料；是否清晰地介绍了活动要求和安全事项；是否引导幼儿发现并鼓励幼儿的探索性学习。

13号区：沙区

　　沙既是固体，又是流体，它变化无常又易被掌握，它那无穷尽的形态和用之不尽的玩法从本质上满足和发展了儿童内心的需求和操作中的创造性。玩沙还可以提高幼儿的感知觉，练习手的协调性，促进手部肌肉发展，增加空间关系的认识能力，发展创造力。"小小建筑工"、"沙子宝宝的秘密"和"沙堆里的宝藏"，旨在提高幼儿玩沙兴趣，感知沙的特性，锻炼多种手部动作。"小杂技演员"是利用沙袋与平衡游戏相结合，积极进行交往互动。

> ⚓ **关注评价点**
>
> 　　幼儿方面：是否明确了玩沙特别需要注意的安全事项；是否能利用不同动作或工具进行挖、铲、垒、压、拍，初步利用沙的特性进行沙塑活动；是否乐意与不同年龄同伴合作进行游戏；是否积极配合活动后的清理工作。教师方面：是否清晰地讲解了玩沙的特别安全事项；是否提供了充足的玩沙工具和水；是否给予幼儿在材料方面的其他积极支持；是否鼓励幼儿创造性地开展游戏；是否引导幼儿混龄交往互动。

14号区、15号区：大型玩具东、西区

　　幼儿园的大型玩具区域面积较大，故划分为东、西两个片区，便于教师的观察和管理。大型玩具适合各种大肌肉动作进行综合性锻炼，特别是攀爬、悬吊、平衡、钻等基本动作，为幼儿肢体动作的协调、灵活性提供了充分锻炼和提升的条件。幼儿非常喜爱大型玩具区的游戏，在这个区内也更加的自由和快乐。由于我园大型玩

图5-11　在大型玩具上练胆量

具是建设在沙地中的，因此也同时为幼儿玩沙提供了便利。

> ⚓ **关注评价点**
>
> 　　幼儿方面：是否明确大型玩具区游戏的规则，懂得要有序和谦让；是否能安全地参与游戏，不做危及自身和他人的动作；是否能做到不在沙地中快速奔跑、抛洒沙子等危险动作，以免将沙溅入他人眼中。教师方面：是否在活动前开展清晰有效的活动引导；是否与幼儿明确活动的规则和安全事项；是否注意分散观察和及时引导幼儿参与活动；是否在容易出现危险的重点部位做好必要的保护工作。

16号区：车区

车区的设置在体育游戏的基础上加入了角色游戏的元素，提高了幼儿社会性方面的素养教育。车区呈环形路线，设置单向行车，一定程度上保证了活动的安全，交通灯、交通警、加油站、公交站元素的添加，增加了活动的趣味性，还实现了角色互换，让孩子们充分地体验不同的职业，也从中感受到劳动的快乐。"快乐的圈圈"及"农场小司机"利用圈替代方向盘玩开车游戏，锻炼走跑交替动作的能力。"搬运工"通过推轮胎行进，锻炼上肢力量和平衡控制能力。"快乐小司机"利用滑板车、扭扭车等器材锻炼上下肢的协调运动能力。

⚓ 关注评价点

幼儿方面：是否明确行车路线和驾车安全要求；是否清晰交通灯和交警指挥的涵义，自觉遵守交通规则；是否乐意参与不同角色的扮演，体验职业服务的乐趣；是否在活动后有序分类，收放好车辆。教师方面：是否建立并让幼儿明确了良好的活动规则；是否创设了轻松愉快的活动氛围；是否尊重幼儿的选择给予不同角色的扮演机会；是否观察和幼儿体验不同职业的工作要求；是否有明确的指引进行分类收车，对号入座。

17号区：篮球区

球是幼儿非常喜爱的户外玩具，拍球在小班年龄已能较好掌握，那么怎样进一步提升幼儿对篮球活动的兴趣呢？篮球区重点运用儿童篮球进行拍、传、接、投篮等篮球运动基本动作，利用场地篮球架及其他辅助游戏材料，使幼儿在运动中感受快乐，体验成功的喜悦，并在与篮球和同伴的互动中增进对体育运动的兴趣。"控球的感觉"和"球感游戏"是寻找手部姿态、方向、力度等对球的不同作用，寻找控制的快乐，尝试多样化拍球。"篮球宝贝"则在基础拍球能力之上增加难度和挑战，进一步增强幼儿对控球能力的信心。"双人传球"锻炼手眼协调能力，一传一接中感受同伴互动的乐趣。"越过障碍"、"灌篮高手"和"拍球绕障碍接上篮"将拍球、运球和投篮相结合，进一步提高幼儿对篮球的控制能力。

⚓ 关注评价点

幼儿方面：是否积极探索球的弹性特点和运动规律；是否喜欢参与篮球

活动，并与同伴合作互动；是否能较好掌握拍球、运球、传球、投篮等基本动作的要领，并不断提高动作连贯性和协调性；是否愿意尝试有难度、有挑战的篮球游戏。教师方面：是否准备了足够的篮球和多样而实用的辅助材料；是否清晰讲解拍球、运球、传球、投篮等基本动作的要领；是否注意观察幼儿并加强指导；是否积极鼓励幼儿积极练习和提高；是否创造了混龄活动的条件。

18号区：足球区

踢足球是孩子们非常喜爱的户外活动，特别对于喜爱尽情奔跑的男孩子来说，足球场上的欢畅可以淋漓尽致地释放天性。足球的活动特点就是需要用脚来控制，对于幼儿来说是一个不小的挑战，但可以通过游戏和循序渐进的方法来提高幼儿脚部控球能力，并进而提高身体的平衡感。带球练习是足球活动最基础而重要的动作，"能干的小猪"、"小小足球"、"足球小子"和"足下有神"都着重练习左右脚交替带球，感受脚部送球的力度和方向控制感，踢球射门的进球感觉能给孩子们带来成功的喜悦之情。"小猴送礼"锻炼幼儿两人合作侧身跑，也是足球活动中的基本步法，通过游戏体验合作与协调统一的重要性。"足球乐翻天"体现团队精神，在球场上彼此配合，攻防有序，才能争取胜利。

⚓ 关注评价点

幼儿方面：是否认真做好热身运动，特别注意膝部、脚腕的准备活动；是否明确足球活动的规则；是否积极参与活动和锻炼提高脚部控球能力；是否体现良好合作精神；是否在参与活动中做到胜不骄败不馁。教师方面：是否准备充足的足球及辅助材料；是否检查了场地的安全性；是否明确讲解了足球活动的要求和要领；是否鼓励幼儿积极参与练习；是否创造了混龄互动的机会；是否让幼儿明确竞赛游戏的规则。

19号区：迷宫区

迷宫是由低矮灌木形成的，区域中还有木质小屋、弯曲的小路、梅花桩、秋千、荡桥、金鱼池等设施，幼儿喜爱在这里自由观察和玩耍。进行户外区域活动时，利用自然环境的有利因素加入游戏化设计，更加增强了幼儿与环境的互动，体验其中乐趣。"勇敢的小特警队"设计游戏路线，以规定的训练动作通过迷宫区的各个障碍点，锻炼身体的同时增强对团队活动的体验。"喜羊羊和灰太狼"则增加了游戏的挑战性，在活动的同时还要注意关注周围情况变化。"躲猫猫"和"捉迷藏"游戏加入攻与守的游戏性挑战，遵守游戏规则变得很重要。"小蚱蜢学跳高"则利用自然环境，模仿蚱蜢跳跃摸高，锻炼下肢爆发力。

⚓ 关注评价点

幼儿方面：是否熟悉并了解地形特点，知道哪个位置容易发生危险；是否能在狭窄的环境中主动相互避让，学会自我保护；是否乐意接受挑战，积极参与游戏活动；是否自觉遵守游戏规则，体验不同角色的扮演；是否能与不同年龄段同伴积极互动交往。教师方面：是否在活动前做好场地的安全检查；是否就安全事项重点提示；是否根据活动的需要清晰说明了相关玩法和规则；是否创造了混龄同伴积极互动交流的机会。

三、活动常规的评价

良好的活动常规习惯是活动安全、顺利、有效开展的基本保证，因此从每学期初建立和形成活动常规是非常必要的。幼儿园的活动区域一旦经过实践论证就基本上固定下来，每个区的位置、范围、活动重点需要每位负责的教师明确，可以在基础上加以完善和改进，但不应有太大的改变，这样才有利于幼儿在熟悉的基础上逐步形成良好的常规。

由于幼儿对户外混龄区域活动非常感兴趣，在此过程中孩子们会容易兴奋，因此要在前往场地前预先提出要求，特别是活动安全性、有序性的要求，避免在活动中出现问题。按照常规性要求，形成良好的习惯，有效控制幼儿情绪是保障活动重要的过渡环节。必要的安全要求、注意事项是需要每位幼儿明确的。例如：先到达指定地点认真进行热身，这是为了更好地保护自己；当听到指定音乐时才开始进区，进区时不可奔跑；要尽快到达自己所选择的区域向负责老师报到；在活动中和不同的伙伴合作，尝试结交更多朋友；自觉遵守游戏规则，注意自己和他人的安全；乐意协助收拾器材，互帮互助、分类放置等。

活动常规的评价可由各区的教师自行评价，也可由教育管理者通过全面观察做出评价，在定期举行的业务会议中进行讨论，对存在的共性问题，需要共同商讨制定出合理的解决方法，并在活动中同步执行，加强跟进和检验，达到逐步改善的目的。

第四节　基于活动过程的评价

户外混龄区域活动，是以户外动态活动为主要形式呈现，但也是由准备、起始、组织、过渡、结束等不同环节共同构成的。因此，在不同环节或是在各区域活动的设计本身也有区别，故在评价中对各个组成环节的过程式评价也是必不可少的，这样才能全方位地了解户外混龄活动组织全过程的实施情况，为幼儿和教师成长起着重要的作用与价值，为幼儿园今后的户外混龄活动的有效开展提供科学依据。

一、活动过程中对幼儿的评价

在户外混龄区域活动的过程中，对幼儿部分的评价包括：活动着装准备、区域活动的选择、场地转换的注意、进区活动的衔接、区内活动的参与、结束环节的合作等。

（一）活动着装的准备

进行户外活动，因大多数是参与户外体育类游戏活动，因此一定要养成穿着适合运动的服装的习惯。可以要求全体幼儿自备运动鞋固定放在班级，早晨一回园后即进行更换。衣裤合体安全，厚重的大衣可预先脱在班内，服装上有绳扣等不利于安全的物件，须有预见性，老师可引导幼儿养成运动前自行或相互检查的习惯，做好外出活动前的准备。着装准备应形成幼儿常规习惯，可以更好地体现幼儿自我服务的意识和能力发展情况。

（二）区域活动的选择

我园的户外混龄区域活动共划分了 19 个活动区，涉及运动大类的走跑跳、平衡、钻爬、投掷、攀登等多种基本动作的游戏，也有大型玩具的综合游戏，开小车等娱乐型游戏，户外自由观察、嬉水、玩沙等发现类的涉及不同领域发展的区域内容。每个区域都确定相应的编号，每学期初让幼儿先熟悉各个活动区的位置及活动大致类型。为方便幼儿选择自己喜欢的区域，同时也为控制各个区的人数，保证幼儿活动安全，区域牌可采用小夹子穿塑料号牌，号牌上数字作为区域代号。不同年龄段班级的幼儿使用不同的颜色作为区别。不同区域的号牌总数量与班级人数相当，既保证每个孩子都可以进行选择，也利于分散各班幼儿，便于进行混班、混龄活动的开展。幼儿自选区域活动牌的设计意图，在于提高幼儿自主参与的意识，尊重幼儿的兴趣爱好，允许选择自己感兴趣的活动项目。在自选区域牌时应做到有序，选择好后尽快夹好在自己上衣的侧面下边。不选择夹在胸口，是考虑到安全性，避免靠头面部太近，在运动中号牌刮伤幼儿皮肤或影响其活动。各区域的负责教师，也有相应的大号牌，需要夹在胸前位置，便于幼儿辨认。

（三）场地转换的注意

各班级幼儿前往户外场地的过程中，可由教师先组织幼儿集体前往。参与户外混龄区域活动，在常规方面最大的不同就在于打破了班级和年龄的界限，幼儿不再以班为单位，而是散落在幼儿园各个角落，也不再由熟悉的老师进行管理，需要幼儿进行自我管理。因此，常规习惯的建立重点在于幼儿的自觉，要让幼儿明白，遵守集体活动的规则，才能玩得开心。因此在前往场地的环节就要注意控制好幼儿情绪，有条不紊地做好准备参与活动。

（四）进区活动的衔接

开展户外混龄区域活动，需要多个班级建立起相互联动的机制，以保障活动的稳定和有序。为保证各个区的活动开场时间同步，避免等待或拖延，给予幼儿充分的运动时间，可以指定户外音乐，当听到指定音乐响起时，孩子们就可以依照选择进入各个自选区域参与活动了。在进区过程中，可与同区的小伙伴牵手前往，不要快速奔跑，避免场地中人数较多而发生意外。幼儿应尽快找到自己选择的户外活动区域，并向区内负责的老师报到。在进区过程中，不要随意闲逛或自己跑到无人监管的地方玩耍。幼儿园安排老师加强场地的巡视，若发现个别幼儿未及时进区，要给予指引和帮助；后勤部门也安排保安加强此时段的巡逻，重点关注园内死角，避免发生意外。

（五）区内活动的参与

区内活动是户外混龄区域活动的主要环节。创造性地开展游戏，让幼儿与材料、与同伴积极互动，打破以往的过于强调游戏组织、过于强调动作练习的模式，使孩子们可以轻松快乐地感受户外混龄区域活动的乐趣所在。当然，区内活动也不是完全自由地"乱玩"，要想玩出新意、玩出花样，在一定动作要求基础上，在引导与启发下，注意要适当地把握必要的规则和安全事项，以利于幼儿逐步掌握活动的自主权。在活动过程中，及时地进行各种评价，以评价为指引，幼儿逐步建立起游戏常规和提高运动质量。要体现混龄活动的价值，还应鼓励大小年龄幼儿之间的自然交往，除了幼儿间处于自主需要的模仿学习，还要创造条件进行"大带小"的活动，可以有意识地提出活动中一定要有年龄配对组合来共同完成的任务，帮助幼儿充分体验混龄活动特有的功能。活动结束前，进行放松运动，舒缓身体肌肉的紧张程度，调整心理，使兴奋的神经逐渐趋于平稳。当天总体的小结评价是必不可少的，一起来说说游戏中的收获、认识的新朋友等，为下一次活动提出新想法、新建议做好铺垫。

（六）结束环节的合作

户外混龄区域活动结束时，幼儿应共同参与、相互合作来完成场地和材料的收拾整理过程，这是对幼儿良好行为习惯的培养。参与收拾整理的过程，幼儿也能从中有所收获，如材料怎样进行分类收拾整理；材料怎样科学放置才更加节省空间和便于取用；大一些的器材需要几个人合作搬抬时应怎样分工合作；如何保护器材避免损坏等，这些都蕴含着智慧和科学，也是幼儿成长的需要。材料收拾整理完成后，幼儿即可自由回到各班集合场地，自然过渡到下一个生活环节。

二、活动过程中对教师的评价

在户外混龄区域活动的过程中，对教师评价的部分包括：场地器材的准备、自选区域的指导、热身运动的组织、区域活动的指导、场地材料的整理等。

（一）场地器材的准备

户外混龄区域活动的场地布置与材料准备是非常重要的一环。教师一定要做到有目的地进行准备，场地布置方面，应考虑怎样布置才是合理又安全的活动路线；怎样避免与相邻区域之间的干扰；场地是否满足幼儿分散活动的空间；主要材料与辅助材料的放置位置；使用材料时应注意的问题等。所选择和提供的材料应突出负责区域的特点和需要。如：钻爬区，拱门、钻圈、垫子等基本材料是一定需要准备的。足球区，足够数量的足球、球门等用于足球基本动作练习的器材必不可少。平衡区，可提供高低、宽窄不同的平衡木，满足不同年龄和能力层次幼儿的需要，还可以提供一些与平衡游戏组合使用的材料，如设置平衡障碍的积木块、沙包等。还可以根据幼儿活动情况，进行材料的调整，适当准备一些辅助材料供幼儿在过程中自选组合或替代，变化新玩法，玩出新创意。

（二）自选区域的指导

在自选区域的环节，幼儿往往会表现出不同的情况。有的幼儿目标明确，对自己的喜好和兴趣非常清楚，在选择区域牌时迅速而果断，能够很快地取到号牌。而有的幼儿面对选择时常常犹豫不决，站在号牌前长时间做不出决定，也影响了他人选择。这是性格的不同，我们应该尊重，但也需要适时地引导。对于动作快、兴趣爱好明显的幼儿，可提出希望，指导幼儿也尝试去一去其他较少参与的活动区，感受不一样的游戏内容，丰富他们的选择，避免选择区域过于集中和单一，造成锻炼的内容和动作发展欠缺平衡。对于选择困难的幼儿，可事先提示他（她）准备要进行户外混龄区域活动了，请他想好自己希望去参加的活动（可以有1—3种不同的选择），给予充分的考虑时间，到了选区时就按照之前的设想取号牌即可。

（三）热身运动的组织

各班级到达固定的户外场地位置后，先由本班教师组织幼儿进行热身运动。热身运动能充分调动幼儿运动系统的活力，为即将参加的较大运动做好准备。其作用具体表现在以下几点：第一，热身运动可以使体温升高，提高肌肉的弹性、反射速度和收缩速度，从而能有效地预防肌肉拉伤。第二，可使肌肉毛细血管扩张，减少外周阻力，增加肌肉中的血供应；在较高体温情况下，血红蛋白和肌红蛋白能释放更多的氧，

图5-12　运动前的热身活动

从而增加肌肉的有氧供应。第三，热身运动可以使关节腔内分泌更多滑液以减轻关节面软骨间的摩擦，减少进行剧烈的体育运动时造成的关节软骨损伤。第四，热身运动可以提高韧带的柔韧性，有效地预防韧带的撕裂伤。[1]教师可带领幼儿进行一些舒展身体各部位肌肉的运动，旋转和活动关节的动作，以及韧带拉伸动作，从而使身体机能从静止状态过渡到工作状态，为大运动量做好生理上的准备。同时还应注意热身运动不是简单地做操，要注意结合幼儿年龄特点，变换花样，增加趣味性，充分做好生理和心理的准备，为户外区域混龄体育活动打好基础。即使幼儿即将参与的不是运动类的区域活动，也一样可以进行热身，毕竟户外场地大，孩子们本性好动，需要在参与之前做好肌肉关节的准备。

（四）区内活动的指导

区内活动如何有效地组织？如何关注幼儿年龄层次的需要？如何调整变化区内活动满足幼儿需要？教师要有敏锐的眼光善于观察发现，教师要用心思考并及时做出反思和调整。首先，幼儿进区后，本区教师要向幼儿介绍区内场地的活动范围、所提供的材料和本区的游戏玩法与要求等。明确游戏规则后，幼儿就可以

[1] 阿南.浅析热身运动[J].中国信息化（学术版），2012（12）：249.

轻松愉快地参与其中了，此时，教师要分散在重点位置进行指导和安全保护。有些区域，幼儿是可以自选材料和自选伙伴进行自主游戏的，例如：利用纸箱、纸盒等材料自由玩"开坦克"游戏，用沙包进行"攻堡垒"游戏等，可鼓励幼儿自行设计游戏规则和玩法要求，在游戏过程中根据情况灵活调整。各类游戏活动，即使材料类似，也可以根据玩法变化来设计不同的名称。

图 5-13　开"车"钻圈

　　不同的区域活动有其各自的目标和特点，因此针对不同的区域教师的指导也是各不相同，但可以总结出区域活动的指导评价方面的一些要素。如：目标达成情况、幼儿发展水平、安全措施与保护、活动密度与强度、合作性与参与性、幼儿情绪表现、师幼与同伴互动情况等，可以从多个方面来评价检验教师在区域活动中指导达成的效果。例如：绳区，虽然材料比较简单，就是长短不一的绳，那么怎样指导幼儿发现绳的特性，用绳玩出花样？如果只是学跳绳，那就会变得枯燥、乏味，孩子也容易疲劳，对游戏失去兴趣。但如果可以利用绳编成好玩的游戏"躲小蛇"、跨过"大河"等，让孩子对材料产生兴趣，从游戏中掌握绳来了就起跳的节奏点，再进入有难度的跳绳学习就很自然了。例如：攀爬区，面对一面攀爬墙，怎样玩出新意？就需要用设计的理念添加入游戏之中，可以设计为"闯关"游戏、"解放军训练"等，制造一些情节，增加一些难度，看看谁更灵活、更稳健地攀爬而不会跌落。活动区游戏精彩，自然就会增加吸引力，幼儿的参与性、互动性以及动作的发展也会得到提升。老师有设计就要有指导，指导游戏玩法、指导游戏规则、启发科学参与，这些就能够检验出教师在区域活动中所发挥的作用。

（五）场地材料的整理

　　活动结束并不意味着整个户外混龄区域活动的终止，结束环节同样可以很好地体现混龄活动的价值。幼儿可以根据自身能力选择场地、材料的收拾整理工作，使活动做到有始有终。教师心中应明确分工合作收拾整理的注意事项，避免"一窝蜂"搬运器材时发生意外。可以将主动权交给孩子们进行合理地分配，老师再进行适当的调配即可。带领幼儿将各类材料有序地收拾到体育器械室，分类摆放整齐，这些都是对幼儿的一种教育和影响。

后 记

　　运动是幼儿生长发育过程中流动不止的生命旋律。幼儿园一日生活的安排、课程的设置必须以幼儿的生命节奏为准绳。《幼儿园户外混龄区域活动》一书的整理和出版既是对我园愉快体育成果经验的一次梳理，也是对幼儿园愉快课程构建的一次再探索。众所周知，追求人与环境的和谐统一不仅是对中国历史长河中"天人合一"文化的回应，也是现代社会文明发展的主要方向。自《幼儿园教育指导纲要（试行）》颁发以来，我园就明确树立了"自然·爱·悦·梦想"的办园理念，积极开展以"与自然对话、与同伴对话、与自己对话"为一体的园本课程建设研究，自然课程、环境课程也顺理成章地成了幼儿园的基础课程，我们也认识到，环境本身不仅是自我存在的主体，也是幼儿生命和生活呈现的客体。我们为幼儿构建、创设活动的环境，环境自身也会为孩子的活动产生积极的促进作用。在环境中，同伴、师生、人与物质环境之间的关系将得以交流和互动，最终促进着幼儿的发展。此外，本书的出版也是为了进一步回答"愉快体育"和"户外混龄活动"之间的关系的问题，通过探寻适合幼儿年龄特点的动作发展，激发幼儿参加体育活动的兴趣，养成习惯，鼓励幼儿与同伴一起自发、自主地开展体育活动。希望通过户外混龄区域活动经验的整理，更进一步地探索幼儿动作发展的规律和幼儿园户外活动发展的趋势，把幼儿园的发展建立在科学的、具有长远生命力和效率的基础上，使幼儿园教育不断超越、不断创新，实现文化和精神层面上的可持续发展，为幼儿的后续学习和终身发展奠定良好的素质基础。

编者

2016.10

参考文献

［1］秦金亮.儿童发展概论［M］.北京：高等教育出版社，2008：57-59.

［2］桑标.当代儿童发展心理学［M］.上海：上海教育出版社，2003：72.

［3］［美］劳拉·E·贝克.儿童发展［M］.吴颖等译.南京：江苏教育出版社，2002：257.

［4］陈琦，刘儒德.当代教育心理学［M］.北京：北京师范大学出版社，2007：212.

［5］车文博.人本主义心理学［M］.杭州：浙江教育出版社，2003：120-121.

［6］刘金花.儿童发展心理学［M］.上海：华东师范大学出版社，1997：101.

［7］陈帼眉.学前心理学［M］.北京：人民教育出版社，1989：370.

［8］李道增.环境行为学概论［M］.北京：清华大学出版社，1999，3.

［9］［美］戴维·B·布朗宁等.在建筑的王国中［M］.马琴译.北京：中国建筑工业出版社，2004：83.

［10］肖木，林影.中国表情的现代空间演绎［J］.装饰装修天地，2003（12）：54-57.

［11］［英］罗宾·柯林伍德.自然的观念［M］.吴国盛等译.北京：华夏出版社，1999：86-87.

［12］中国社会科学院语言研究所.现代汉语词典［M］.北京：商务印书馆，1996：1668.

［13］林玉莲，胡正凡.环境心理学［M］.北京：中国建筑工业出版社，2010.

［14］李婷.幼儿园户外活动环境的优化研究［D］.沈阳体育学院硕士论文.2014，6.

［15］廉永哲.天津市滨水开放空间环境行为研究［M］.天津：天津大学出版社，2005.

［16］Joel·Frost.儿童游戏与游戏环境［M］.江丽莉等译.台北：五南出版社，1997.

［17］［日］仙田满.环境［M］.环境设计研究所译.北京：中国建筑工业出版社，2003.

［18］姚时章、汪江萍.城市居住外环境设计［M］.重庆：重庆大学出版社，1999：136-143.

［19］胡思润、林玉莲.幼儿园环境特征与儿童发展的关系初探［J］.新建筑，1996（1）：115-118.

［20］彭蝶飞.幼儿园生态环境教育探析［J］.学前教育研究，2007（7-8）：73-75.

［21］张婕.从生态学视野看儿童发展——六种生态学理论的比较研究［D］.华东师范大

学硕士论文，2006.

［22］汪颖赫．幼儿园户外空间环境设计研究［D］.东北林业大学硕士论文，2011，6.

［23］李美．基于儿童发展心理学的儿童娱乐设施研究［D］.河北工业大学硕士论文，2012，6.

［24］郝剑锋．儿童游乐设施的设计与研究［D］.湖北工业大学硕士论文，2008，6.

［25］［德］福禄贝尔．人的教育［M］.孙祖复译．北京：人民教育出版社，2001：10.

［26］［苏］苏霍姆林斯基．把整个心灵献给孩子［M］.唐其慈等译．北京：人民教育出版社，2001.

［27］黄晓星．迈向个性的教育——一位留英、美学者解读华德福教育［M］.广州：广州教育出版社，2002.

［28］［德］弗里德里希·席勒．审美教育书简［M］.张玉能译．上海：上海人民出版社，2003：48.

［29］虞永平．小学化现象透视［J］.幼儿教育，2011（4）：6-7.

［30］华爱华．幼儿游戏理论［M］.上海：上海教育出版社，2000.

［31］［美］理查德·洛夫．林间最后的小孩［M］.自然之友译．长沙：湖南科技出版社，2010.

［32］吴航．学前儿童游戏研究的新趋向：从分类学到生态学［J］.学前教育研究，2008（5）：57-59.

［33］高文．维果斯基心理发展理论与社会建构主义［J］.外国教育资料，1999（4）：10-14.

［34］杨金凤．运动中成长——运动活动中师幼积极有效互动的探索［M］.上海：上海教育出版社，2011.

［35］刘文．蒙台梭利幼儿教育思想与实践［M］.大连：大连出版社，2002.

［36］赵国祥．心理学概论［M］.北京：光明日报出版社，2007.

［37］庞丽娟．教师与儿童发展［M］.北京：北京师范大学出版社，2003.

［38］陈帼眉．学前心理学［M］.北京：人民教育出版社，1998.

［39］陈琦，刘儒德．当代教育心理学［M］.北京：北京师范大学出版社，2007.

［40］邓敏，张雪峰．儿童心理理论研究对社会性发展的启示［J］.科教文汇，2009（2）：63-72.

［41］教育部基础教育司．幼儿园教育指导纲要（试行）解读［C］.南京：江苏教育出版社，2001：170.

［42］汪霞．课程研究：现代与后现代［M］.上海：上海科技出版社，2003：272.

［43］［美］弗·卡普拉．转折点：科学、社会、兴起中的新文化［M］.冯禹译．北京：中国人民大学出版社，1989：199.

［44］甘雪涛．当前幼儿园区域活动评价存在的问题及其解决策略［J］．教育导刊（下半月），2014（5）：44－46.

［45］鄢超云．学前教育评价［M］．北京：高等教育出版社，1998：241.

［46］顾裕萍．大区域活动中幼儿行为评价的实践研究．上海教育研究［J］．2005（1）：90－91.

［47］教育部基础教育司．幼儿园教育指导纲要（试行）．2001.

［48］阿南．浅析热身运动［J］．中国信息化（学术版），2012（12）：249.